CW01465499

2 ingredue

Héloïse Martel

F1RST
ÉDITIONS

✿ NOMBRE DE PERSONNES

🥄 TEMPS DE PRÉPARATION

▢ TEMPS DE CUISSON

☾ TEMPS DE REPOS

🌙 TREMPAGE / MARINADE

🗄 TEMPS DE RÉFRIGÉRATION

❄ TEMPS DE CONGÉLATION

© Éditions First, un département d'Édi8, 2019

Le Code de la propriété intellectuelle interdit les copies ou reproductions destinées à une utilisation collective. Toute représentation ou reproduction intégrale ou partielle faite par quelque procédé que ce soit, sans le consentement de l'auteur, de ses ayants droits ou de ses ayants cause est illicite et constitue une contrefaçon sanctionnée par les articles L 335-2 et suivants du Code de la propriété intellectuelle.

ISBN : 978-2-412-04270-0
Dépôt légal : janvier 2019
Imprimé en Italie

Mise en page : Istria
Correction : Christine Cameau
Photographie de couverture : © Adobe Stock

Éditions First, un département d'Édi8
12, avenue d'Italie
75013 Paris – France
Tél. 01 44 16 09 00
Fax 01 44 16 09 01
E-mail : firstinfo@efirst.com
Site internet : www.editionsfirst.fr

Introduction

Vous aimez cuisiner, mais les interminables listes d'ingrédients des recettes que vous lisez vous découragent. Vous appréciez les plats simples tout en étant exigeant sur la qualité des plats.

Vous n'avez pas le temps ni le courage de faire des courses pendant des heures au supermarché ou de courir les boutiques à travers toute la ville, et pourtant vous chassez de votre esprit la décourageante banalité des plats industrialisés.

Vous voulez des astuces pour vous simplifier la vie sans sacrifier aux plaisirs de la table ? Ce livre est fait pour vous : il vous propose des recettes avec seulement 2 ingrédients principaux que vous pouvez acheter à l'avance, ou conserver dans votre congélateur et décongeler le matin pour le soir.

Les trésors du placard

Avant de préparer ces recettes à 2 ingrédients, vérifiez d'abord que vous avez l'essentiel dans vos placards, les incontournables, les ingrédients de base indispensables au quotidien.

• L'huile

Pour les recettes de ce livre, l'huile d'olive et une huile neutre type huile de colza ou de tournesol suffisent amplement.

• Le vinaigre

Le vinaigre de vin classique, de bonne qualité, s'adapte à toutes les recettes.

• La farine

Choisissez une farine fluide et tamisée.

• Le sucre

En poudre, cristallisé, et du sucre glace pour de jolis desserts.

• Les épices

Elles vont donner du caractère à la recette la plus simple !

– sel : sel fin, sel de Guérande, gros sel
– poivre : poivre moulu et poivre concassé
– cannelle moulue
– gingembre en poudre
– cumin moulu
– curcuma en poudre
– clous de girofle

– graines de sésame

– piment en poudre (d'Espelette de préférence)

• **Les condiments**

– ail, oignon et échalote semoule

– mayonnaise

– moutarde

– cubes de bouillon

• **Les herbes séchées**

À défaut d'avoir des herbes fraîches, elles vous rendront bien des services. Veillez à la date de péremption, car elles perdent leur goût et leur parfum assez rapidement.

– thym

– estragon

– basilic

– persil

– herbes de Provence

– aneth

– sauge

• **Les petits plus sucrés**

– miel

– confiture

Pour des desserts presque improvisés.

Le basique du réfrigérateur

Il vous accompagne dès le matin au petit déjeuner : le beurre, doux ou demi-sel, selon votre préférence.

Les ressources du congélateur

Prévoyez des légumes épluchés prêts à être consommés, des poissons et des découpes de volaille ou de viande à cuisiner pour ne jamais être pris au dépourvu.

Les herbes surgelées prennent le relais des herbes séchées.

Pensez aux pâtes, feuilletées, sablées ou brisées, à marier avec des fruits, des compotes, des confitures en version sucrée, ou encore des saucisses en version snack.

La gestion des stocks

Gardez dans votre cuisine un cahier à portée de main et notez les produits contenus dans vos placards, votre réfrigérateur, votre congélateur. Rayez au fur et à mesure ce que vous consommez... et reportez ce qui vous manque sur votre liste de courses.

Vérifiez périodiquement les dates de péremption de vos produits. Organisez le rangement de vos placards en conséquence : placez au plus près de votre regard ce qui doit être consommé en premier. Ainsi vous éviterez tout gaspillage.

Soyez gourmands et restez cool ! On a pensé à vous...

Apéritifs

Allumettes au fromage

4

15 MIN

20 MIN

1 pâte feuilletée rectangulaire • 150 g de comté râpé

1. Préchauffez le four à 180 °C (th. 6). Recouvrez la plaque du four de papier cuisson.

2. Étalez la pâte feuilletée sur le plan de travail, saupoudrez-la généreusement de comté râpé en appuyant pour faire adhérer le fromage.

3. Découpez des bandes de la largeur d'un doigt dans la pâte, déposez-les sur la plaque du four. Enfournez pour 20 minutes.

4. Laissez refroidir et décollez les allumettes délicatement.

Notre conseil

Conservez ces allumettes dans une boîte en fer si vous les préparez à l'avance.

Bouchées de saumon fumé au fromage frais

4

10 MIN

8 tranches de saumon fumé • 150 g de Saint-Môret®

Dans le placard : *2 cuil. à soupe d'aneth séché • sel • poivre*

1. Travaillez le fromage frais à la fourchette dans un bol avec du sel, du poivre et l'aneth.

2. Taillez de longues bandes dans les tranches de saumon.

3. Tartinez chaque bande de fromage, roulez les bandes sur elles-mêmes, fixez-les avec une pique en bois.

4. Placez au frais en attendant de servir.

Notre conseil

Préparez cette recette avec du jambon blanc, en remplaçant l'aneth par des herbes de Provence.

Bricks à la sardine

4 feuilles de brick • 8 sardines à l'huile

1. Préchauffez le four à 210 °C (th. 7). Recouvrez la plaque du four de papier cuisson.

2. Coupez les feuilles de brick en deux.

3. Déposez 1 sardine sur chaque demi-feuille de brick, roulez la feuille pour former un petit paquet, déposez-les au fur et à mesure sur la plaque du four.

4. Enfournez pour 8 à 10 minutes. Laissez tiédir avant de servir.

4

10 MIN

10 MIN

Notre conseil

Pour changer, remplacez les sardines par du thon à l'huile.

Caviar d'aubergine

4

20 MIN

30 MIN

2 grosses aubergines • 3 gousses d'ail

Dans le placard : *4 cuil. à soupe d'huile d'olive • 1 cuil. à café de cumin moulu • sel • poivre*

1. Préchauffez le four à 210 °C (th. 7).

2. Lavez et essuyez les aubergines, placez-les sur la grille du four et faites cuire pendant 30 minutes. Vérifiez la cuisson, les aubergines doivent être moelleuses sous le doigt. Prolongez la cuisson pendant quelques minutes si nécessaire.

3. Ouvrez les aubergines en deux, prélevez la chair avec une cuillère.

4. Pelez les gousses d'ail, émincez-les. Mixez la chair des aubergines avec l'ail, du sel, du poivre, le cumin, versez l'huile en filet comme pour préparer une mayonnaise. Vérifiez l'assaisonnement. Dressez le caviar d'aubergine dans un bol.

Notre conseil

Servez avec de petites tranches de baguette toastées.

Crème de thon

250 g de thon au naturel • 150 g de Saint-Morêt®

Dans le placard : *sel • poivre*

1. Égouttez le thon, mixez-le avec le fromage frais, le jus de citron, du sel et du poivre.

2. Placez au frais en attendant de servir.

———

Notre conseil
Servez cette crème avec des gressins ou de fines tranches de baguette grillées. Pour un goût plus prononcé, ajoutez quatre cuillerées à soupe de jus de citron.

4

5 MIN

Feuilletés aux anchois

1 pâte feuilletée rectangulaire • 2 boîtes de filets d'anchois

1. Préchauffez le four à 180 °C (th. 6). Recouvrez la plaque du four de papier cuisson.

2. Étalez la pâte feuilletée sur le plan de travail, garnissez-la d'anchois. Roulez la pâte sur elle-même, enveloppez-la bien serrée dans un film alimentaire et placez-la au congélateur pendant 20 minutes.

3. Sortez la pâte du congélateur, découpez-la en rondelles, placez-les sur la plaque du four. Enfournez pour 20 minutes.

4. Laissez refroidir, puis décollez les feuilletés délicatement.

4

15 MIN

20 MIN

20 MIN

Mini-brochettes de tomates cerise et mozza

4

15 MIN

16 tomates cerise rondes • 16 billes de mozzarella

Dans le placard : *2 cuil. à soupe d'huile d'olive • 2 cuil. à soupe de basilic séché • sel • poivre*

1. Mélangez dans un bol l'huile d'olive avec le basilic, du sel et du poivre.

2. Lavez et épongez les tomates cerise, égouttez les billes de mozzarella, mettez-les dans la sauce, retournez-les pour qu'elles soient bien enrobées.

3. Piquez 1 tomate et 1 bille de mozza sur des piques en bois, déposez-les au fur et à mesure dans un plat de service. Servez bien frais.

———

Notre conseil

Ajoutez 1 olive noire sur la mini-brochette. Vous pouvez aussi confectionner des grandes brochettes et les servir en entrée avec une salade de mesclun.

Pruneaux au lard

4

10 MIN

15 MIN

16 pruneaux dénoyautés • 8 tranches fines de poitrine fumée

1. Préchauffez le four à 180 °C (th. 6).

2. Coupez les tranches de poitrine en deux.

3. Entourez chaque pruneau d'1 demi-tranche de poitrine, déposez-les dans un plat à four et enfournez pour 15 minutes. Laissez tiédir avant de déguster.

Rillettes de sardines

4

10 MIN

2 boîtes de sardines à l'huile d'olive • 1 citron

1. Pressez le citron, versez le jus dans un saladier.

2. Retirez la peau des sardines, mettez-les avec leur huile dans le saladier, écrasez à la fourchette pour obtenir des rillettes. Placez au frais en attendant de servir.

Notre conseil

Servez à l'apéritif sur des mini-toasts, ou en entrée avec des tranches de pain de campagne grillées.

Torsettes au sésame

12 PIÈCES

15 MIN

20 MIN

1 pâte feuilletée rectangulaire • 6 cuil. à soupe de sésame noir

1. Préchauffez le four à 210 °C (th. 7). Recouvrez la plaque du four de papier cuisson.

2. Étalez la pâte sur le plan de travail, saupoudrez-la de graines de sésame en appuyant du bout des doigts pour les faire adhérer.

3. Découpez des bandes verticales de la largeur d'un doigt dans la pâte feuilletée, torsadez-les.

4. Placez les torsettes sur la plaque de cuisson et enfournez pour 20 minutes en surveillant la couleur.

5. Laissez refroidir les torsettes avant de les décoller délicatement du papier cuisson.

Notre conseil

Conservez ces torsettes dans une boîte en fer si vous ne les dégustez pas rapidement.

Entrées

Asperges vertes grillées au parmesan

4

15 MIN

12 MIN

2 bottes d'asperges vertes • 100 g de parmesan

Dans le placard : *2 cuil. à soupe d'huile d'olive • sel • poivre*

1. Lavez les asperges et coupez leur pied, faites-les cuire à l'eau bouillante salée pendant 10 minutes environ.

2. Faites chauffer l'huile d'olive dans une poêle, faites sauter les asperges pendant 2 minutes, puis dressez-les sur quatre assiettes.

3. Taillez des copeaux dans le morceau de parmesan avec un épluche-légumes, disposez-les sur les asperges. Servez aussitôt.

Calamars marinés au citron

4

10 MIN

10 MIN

1 H

600 g de calamars surgelés • 3 citrons

Dans le placard : *4 cuil. à soupe d'huile d'olive • 1 cuil. à soupe d'ail semoule • sel • poivre*

1. Faites bouillir de l'eau dans une grande casserole, plongez-y les calamars surgelés. Laissez cuire pendant 6 à 8 minutes dès la reprise de l'ébullition. Égouttez-les et laissez-les refroidir.

2. Pressez les citrons, mélangez dans un saladier le jus obtenu avec l'huile d'olive, l'ail semoule, du sel et du poivre.

3. Mettez les calamars dans le saladier, mélangez, laissez mariner au frais pendant 1 heure avant de déguster.

Carpaccio de magret de canard fumé et de figues

🌸 4

🥄 20 MIN

4 figues fraîches • 1 sachet de tranches de magret fumé

Dans le placard : *4 cuil. à soupe d'huile d'olive • 1 cuil. à café de gingembre moulu • poivre du moulin*

1. Lavez et essuyez les figues, tranchez-les en fines lamelles. Dégraissez les tranches de magret fumé.

2. Dressez les assiettes en intercalant lamelles de figues et tranches de magret.

3. Battez l'huile d'olive avec le gingembre, versez sur les assiettes et donnez un tour de moulin à poivre.

———

Notre conseil

Ajoutez quelques bouquets de mâche.

Cervelas et tomates noires

4 tomates noires ou tomates de Crimée • 1 cervelas cuit

Dans le placard : *1 cuil. à café de moutarde • 1 cuil. à soupe de vinaigre de vin • 3 cuil. à soupe d'huile de colza • sel • poivre*

1. Lavez et essuyez les tomates, coupez-les en fines rondelles. Retirez la peau du cervelas, détaillez-le en tranches de même épaisseur.

2. Disposez le cervelas et les tomates en intercalant les rondelles en rosace sur les assiettes de service.

3. Mélangez la moutarde avec le vinaigre, du sel du poivre et l'huile, versez sur les assiettes.

———

Notre conseil

Réalisez cette recette avec des tomates vertes pour changer.

Chou-fleur à la polonaise

4

20 MIN

20 MIN

1 chou-fleur • 2 œufs

Dans le frigo et le placard : *50 g de beurre • sel • poivre*

1. Faites cuire les œufs durs dans de l'eau bouillante pendant 10 minutes, rafraîchissez-les, écalez-les. Hachez-les grossièrement.

2. Lavez le chou-fleur, séparez-le en petits bouquets. Faites-les cuire pendant 10 minutes à la vapeur.

3. Faites fondre le beurre dans une casserole avec du sel et du poivre.

4. Répartissez les bouquets de chou-fleur sur quatre assiettes, arrosez de beurre et parsemez d'œuf haché.

———

Notre conseil

Ajoutez 4 cuil. à soupe de chapelure dans le beurre fondu pour une texture plus moelleuse.

Courgettes mimosa

4

20 MIN

20 MIN

4 courgettes • 4 œufs

Dans le placard : 1 cuil. à café de moutarde forte • 1 cuil. à soupe de vinaigre • 3 cuil. à soupe d'huile d'olive • sel • poivre

1. Lavez les courgettes, faites-les cuire à la vapeur pendant 10 minutes. Laissez-les refroidir.

2. Faites cuire les œufs durs dans de l'eau bouillante pendant 10 minutes, rafraîchissez-les, écalez-les.

3. Coupez les courgettes en deux dans la longueur, disposez 2 demi-courgettes par assiette. Passez les œufs durs à la moulinette, répartissez-les sur les courgettes.

4. Mélangez la moutarde avec le vinaigre, du sel, du poivre, délayez avec l'huile, versez sur les courgettes.

———

Notre conseil

Parsemez les courgettes de ciboulette ciselée.

Crème d'avocat coco

4

10 MIN

2 H

4 avocats • 40 cl de lait de coco

Dans le placard : *2 cuil. à soupe d'huile d'olive • sel • poivre*

1. Pelez les avocats, retirez le noyau, prélevez la pulpe avec une cuillère, mixez-la avec le lait de coco, ajoutez l'huile d'olive, du sel et du poivre.

2. Versez dans quatre bols et placez au réfrigérateur au moins 2 heures avant de servir.

———

Notre conseil

Ajoutez un peu de piment si vous voulez corser cette petite entrée, et/ou 4 cuil. à soupe de jus de citron vert pour une touche exotique.

Crottins de chèvre en chemise

4

15 MIN

15 MIN

4 crottins de Chavignol • 4 feuilles de brick

***Dans le placard :** 4 cuil. à soupe de miel • 4 cuil. à café d'herbes de Provence • sel • poivre*

1. Préchauffez le four à 210 °C (th. 7). Recouvrez la plaque du four de papier cuisson.

2. Étalez les feuilles de brick sur le plan de travail. Déposez 1 crottin au centre de chaque brick, recouvrez-le de miel et d'herbes de Provence, refermez les feuilles de brick, déposez-les sur la plaque du four.

3. Enfournez pour 15 minutes. Servez chaud ou tiède.

———

Notre conseil

Accompagnez d'une salade de mesclun à l'huile d'olive.

Figues rôties au chèvre

4

15 MIN

15 MIN

8 figues • 1 fromage de chèvre (cabécou)

Dans le placard : *4 cuil. à café de sucre en poudre • 4 cuil. à café d'huile d'olive • poivre du moulin*

1. Préchauffez le four à 180 °C (th. 6).

2. Lavez et épongez délicatement les figues, incisez-les en croix, déposez-les dans un plat à four. Déposez un peu de sucre en poudre au creux de chaque figue et faites cuire les fruits pendant 15 minutes.

3. Coupez le cabécou en petits dés. Répartissez-les sur les figues.

4. Arrosez d'un filet d'huile d'olive, donnez un tour de moulin à poivre.

———

Notre conseil

Parsemez de cerneaux de noix concassés et servez sur un lit de mâche.

Gaspacho melon-tomate

4

15 MIN

2 petits melons • 4 tomates

Dans le placard : *4 cuil. à soupe d'huile d'olive • sel • poivre*

1. Pelez et épépinez les tomates, coupez la chair en dés. Mixez les dés de tomate avec 2 cuillerées à soupe d'huile d'olive, du sel et du poivre. Réservez au frais.

2. Ouvrez les melons, épépinez-les, prélevez la chair, coupez-la en morceaux. Mixez les morceaux de melon avec le reste d'huile d'olive, du sel et du poivre.

3. Versez les deux gaspachos alternativement dans des grands verres. Servez immédiatement.

Millefeuilles de betterave

🦋
4

🥄
20 MIN

4 betteraves cuites de même taille • 300 g de fromage frais

Dans le placard : *1 cuil. à café de moutarde • 1 cuil. à soupe de vinaigre • 3 cuil. à soupe d'huile d'olive • sel • poivre*

1. Épluchez les betteraves et détaillez-les en 12 tranches fines et régulières.

2. Travaillez le fromage frais à la fourchette avec du sel et du poivre.

3. Sur chaque assiette, disposez 1 tranche de betterave, tartinez-la de fromage frais, recouvrez d'1 tranche de betterave, puis de fromage frais, terminez par 1 tranche de betterave.

4. Mélangez dans un bol la moutarde, le vinaigre, l'huile, du sel et du poivre. Arrosez les millefeuilles de vinaigrette et servez frais.

————

Notre conseil

Saupoudrez de persil ou de ciboulette ciselés au moment de servir.

Moules en persillade

48 grosses moules de bouchot • 1 rouleau de beurre d'escargot surgelé

4

30 MIN

20 MIN

1. Grattez les moules, lavez-les dans plusieurs eaux pour éliminer le sable. Mettez-les dans une grande cocotte, arrosez d'un verre d'eau, portez à ébullition, baissez le feu et couvrez. Faites-les ouvrir pendant 5 à 8 minutes en secouant régulièrement la cocotte.

2. Préchauffez le four à 180 °C (th. 6).

3. Retirez les moules avec une écumoire. Retirez une coquille à chaque moule, déposez-les au fur et à mesure dans un grand plat à four.

4. Déposez une noisette de beurre d'escargot sur chaque moule. Passez au four pendant 10 minutes. Servez aussitôt.

Mousse d'artichaut au parmesan

4

10 MIN

300 g de fonds d'artichauts cuits • 100 g de parmesan râpé

Dans le placard : *1 cuil. à soupe d'ail semoule • 4 cuil. à soupe d'huile d'olive • sel • poivre*

1. Coupez les fonds d'artichauts en petits morceaux, mettez-les dans le bol du mixeur.

2. Ajoutez un peu de sel et de poivre et le parmesan râpé. Mixez pour obtenir une mousse. Versez l'huile en filet en continuant de mixer.

3. Répartissez dans des petites verrines, placez au frais en attendant de servir.

———

Notre conseil

Ajoutez des graines de fenouil, et/ou 4 cuil. à soupe de jus de citron pour un goût plus prononcé.

Mousse de saumon

🧩 4

🥄 15 MIN

🍳 10 MIN

400 g de saumon frais • 200 g de fromage frais

Dans le placard : *1 cuil. à soupe d'huile d'olive • sel • poivre*

1. Faites pocher le saumon dans de l'eau bouillante salée pendant 10 minutes, égouttez-le et laissez-le refroidir.

2. Effeuillez le saumon avec une fourchette, mélangez-le avec le fromage frais, ajoutez l'huile d'olive, du sel et du poivre.

Notre conseil

Choisissez du mascarpone ou un fromage frais ail et fines herbes pour un goût plus prononcé. Ajoutez 4 cuil. à soupe de jus de citron au mascarpone pour lui donner du caractère. Vous pouvez mixer l'ensemble si vous préférez obtenir une mousse, à étaler sur du pain de campagne grillé par exemple.

Œufs cocotte à la tomate

♧
4

✎
5 MIN

🍲
10 MIN

4 gros œufs extra-frais • 4 cuil. à soupe de coulis de tomates au naturel

Dans le frigo et le placard : *40 g de beurre • sel • poivre*

1. Préparez un bain-marie : faites bouillir de l'eau, versez-la dans un grand plat à four pouvant recevoir quatre ramequins. Préchauffez le four à 210 °C (th. 7).

2. Beurrez légèrement le fond de quatre ramequins, déposez 1 cuillerée à soupe de coulis de tomates, salez, poivrez, puis cassez 1 œuf dans chacun d'eux.

3. Placez les ramequins dans le bain-marie et enfournez pour 10 à 12 minutes.

————

Notre conseil

Surveillez la cuisson, le blanc d'œuf doit être pris et le jaune doit rester liquide. Vous pouvez ajouter des herbes ciselées à cette recette (estragon, ciboulette, cerfeuil). Si vous préférez le basilic, parsemez-en les œufs après cuisson, le basilic n'aime pas la chaleur du four !

Œufs en brioche

4

15 MIN

10 MIN

4 brioches rondes individuelles • 4 œufs

Dans le placard : *sel • poivre*

1. Préchauffez le four à 180 °C (th. 6).

2. Retirez le chapeau des brioches. Évidez délicatement les brioches pour ne pas les percer.

3. Cassez 1 œuf dans chaque brioche évidée, salez, poivrez.

4. Déposez les brioches et leur chapeau dans des ramequins et enfournez pour 10 minutes.

———

Notre conseil

Servez avec un coulis de tomates que vous aurez fait réchauffer à feu doux, avec une pointe de piment d'Espelette si vous aimez. Vous pouvez aussi ajouter des dés de jambon, des crevettes ou des herbes avant la cuisson.

Œufs mimosa au thon

8 œufs • 200 g de thon à l'huile

1. Faites cuire les œufs durs pendant 10 minutes dans de l'eau bouillante, rafraîchissez-les, écalez-les. Coupez-les en deux dans la longueur. Retirez délicatement le jaune des demi-œufs avec une cuillère, mettez-le dans un saladier.

2. Ajoutez le thon avec son huile dans le saladier. Mélangez intimement les ingrédients, farcissez-en les demi-œufs évidés.

3. Déposez 4 demi-œufs sur chaque assiette. Servez bien frais.

Notre conseil

Remplacez le thon par des anchois. Servez ces œufs sur une salade de batavia, de laitue ou de feuille-de-chêne. Vous pouvez également utiliser pour cette recette du thon au naturel et de la mayonnaise.

4

20 MIN

10 MIN

Poivrons grillés au chèvre frais

🍀 4

🥄 15 MIN

🍳 50 MIN

4 poivrons rouges • 200 g de chèvre frais

Dans le placard : *4 cuil. à soupe de thym séché • 8 cuil. à café d'huile d'olive • sel • poivre*

1. Lavez et séchez les poivrons, coupez-les en deux dans la hauteur, retirez les graines et les parties blanches.

2. Déposez les demi-poivrons sur la plaque du four, côté peau vers le haut et faites griller pendant une trentaine de minutes jusqu'à ce que la peau noircisse.

3. Retirez la peau des poivrons. Déposez sur chaque demi-poivron 1 quenelle de chèvre frais, salez, poivrez, ajoutez 1 cuillerée à café d'huile d'olive et un peu de thym séché.

4. Enfournez pour 20 minutes à 180 °C (th. 6).

Poivrons rouges
au beurre d'anchois

*8 poivrons rouges • 1 tube de pâte d'anchois Imperial®
(ou deux boîtes de filets d'anchois à l'huile)*

Dans le placard : *2 cuil. à soupe de thym séché*

4

10 MIN

40 MIN

1. Lavez et essuyez les poivrons, faites-les griller dans le four jusqu'à ce que la peau noircisse, environ 30 minutes. Pelez-les, coupez-les en deux dans la hauteur.

2. Tartinez chaque moitié de poivron de pâte d'anchois, saupoudrez de thym et passez sous le gril pendant 5 à 8 minutes.

3. Laissez tiédir avant de servir.

Salade de fenouil à la pomme verte

4

20 MIN

2 bulbes de fenouil • 2 pommes vertes (granny smith)

Dans le placard : *1 cuil. à soupe de vinaigre de vin • 4 cuil. à soupe d'huile d'olive • sel • poivre*

1. Lavez et épongez les bulbes de fenouil, émincez-les finement au robot ou à la mandoline, mettez-les dans un saladier.

2. Pelez les pommes, râpez-les, ajoutez-les dans le saladier.

3. Salez, poivrez, arrosez de vinaigre et d'huile, mélangez bien. Servez frais.

Notre conseil

Ajoutez quelques cerneaux de noix concassés. Vous pouvez remplacer le vinaigre de vin par 2 cuil. à soupe de jus de citron.

Salade de girolles aux lardons

500 g de girolles • 200 g de lardons

Dans le placard : *2 cuil. à soupe de vinaigre de vin •
4 cuil. à soupe d'huile d'olive • sel • poivre*

1. Nettoyez les girolles sous un filet d'eau froide
sans les faire tremper, épongez-les, coupez-les en
lamelles si elles sont grosses.

2. Faites revenir les girolles à sec dans une poêle
antiadhésive pendant 15 minutes environ, afin
qu'elles rendent leur eau de végétation. Salez,
poivrez.

3. Faites dorer les lardons pendant 5 minutes dans
une autre poêle.

4. Battez à la fourchette le vinaigre et l'huile.

5. Mettez les girolles tièdes dans un saladier, ajoutez les lardons, arrosez de vinaigrette. Mélangez et
dégustez !

Notre conseil

Pour un plat complet, ajoutez 2 œufs pochés
ou durs par personne.

Soupe de cocos au piment

4

10 MIN

2 bocaux de haricots cocos au naturel • 50 cl de bouillon de légumes

10 MIN

Dans le placard : 4 pincées de piment (d'Espelette de préférence)

1. Égouttez les haricots coco, versez-les dans une casserole, arrosez de bouillon, réchauffez à feu doux.

2. Mixez les haricots coco avec le bouillon, répartissez dans quatre tasses, saupoudrez d'un peu de piment.

Notre conseil

Vous pouvez aussi déguster cette soupe très froide en été, avec des croûtons de pain frottés d'ail.

Tartare d'avocat au crabe

4

15 MIN

2 avocats • 400 g de chair de crabe au naturel
Dans le placard : *2 cuil. à soupe d'huile d'olive • 2 cuil. à sel • poivre*

1. Égouttez le crabe.

2. Mélangez l'huile d'olive avec du sel et du poivre.

3. Épluchez les avocats, coupez la chair en petits dés, mélangez-les avec le crabe et la sauce.

4. Dressez le tartare sur de petites assiettes ou dans des verrines. Servez bien frais.

Notre conseil

Ajoutez 2 cuil. à soupe de jus de citron à l'huile d'olive.

Tarte à la tomate

4

15 MIN

30 MIN

1 rouleau de pâte brisée • 8 tomates olivette

Dans le placard : *2 cuil. à soupe d'ail semoule • 2 cuil. à soupe de thym séché • 4 cuil. à soupe d'huile d'olive • sel • poivre*

1. Préchauffez le four à 180 °C (th. 6). Étalez la pâte brisée dans un moule à tarte en gardant le papier de cuisson.

2. Coupez les tomates en tranches, disposez-les en rosace sur la pâte. Parsemez d'ail semoule et de thym, salez, poivrez, arrosez d'huile d'olive.

3. Enfournez pour 30 minutes.

4. Faites glisser la tarte sur un plat rond en retirant le papier cuisson. Servez chaud ou tiède.

Notre conseil

Choisissez de préférence des tomates olivette, allongées, qui rendent moins de jus que les tomates rondes. Vous pouvez ajouter des olives noires avant la cuisson.

Tarte fine au pesto

🌿 4

🥄 5 MIN

📅 20 MIN

1 pâte feuilletée ronde • 1 pot de pesto

Dans le placard : *3 cuil. à soupe d'huile d'olive*

1. Préchauffez le four à 210 °C (th. 7). Étalez la pâte avec son papier cuisson dans un moule à tarte.

2. Mélangez le pesto avec l'huile d'olive, recouvrez-en la pâte.

3. Enfournez pour 20 minutes. Servez chaud ou tiède.

———

Notre conseil

Servez avec une salade de roquette et des olives noires.

Velouté de châtaignes

4

10 MIN

10 MIN

1 grande boîte de châtaignes au naturel • 1 boîte de lait concentré non sucré

Dans le placard : *sel • poivre*

1. Égouttez les châtaignes, versez-les dans une grande casserole, ajoutez 50 cl d'eau.

2. Portez à ébullition, puis ajoutez le lait concentré et mixez.

3. Répartissez dans quatre assiettes creuses.

Notre conseil

Ajoutez 1 boîte de champignons de Paris.

Velouté de pois chiches au cumin

4

10 MIN

10 MIN

200 g de pois chiches en conserve • 75 cl de bouillon de légumes

Dans le placard : *1 cuil. à soupe de cumin moulu*

1. Égouttez les pois chiches, versez-les dans une casserole, arrosez-les de bouillon de légumes et réchauffez pendant 10 minutes à feu doux.

2. Mixez l'ensemble.

3. Versez dans des bols à potage, saupoudrez légèrement de cumin moulu. Servez bien chaud.

Velouté glacé d'asperges vertes

4

10 MIN

20 MIN

2 H

3 bottes d'asperges vertes • 1 l de bouillon de volaille

***Dans le placard :** 4 cuil. à soupe d'huile d'olive • 4 cuil. à soupe de vinaigre de vin*

1. Coupez l'extrémité des asperges, lavez-les. Faites-les cuire dans le bouillon de légumes pendant 20 minutes.

2. Mixez-les avec un peu de bouillon selon la consistance que vous préférez.

3. Laissez refroidir, puis ajoutez l'huile et le vinaigre. Placez au réfrigérateur pendant 2 heures.

―――

Notre conseil

Si vous êtes pressé, mixez le velouté froid avec quelques glaçons. Vous pouvez aussi réaliser cette recette avec des asperges en conserve.

Verrines de mangue au crabe

4

15 MIN

400 g de chair de mangue fraîche • 400 g de chair de crabe au naturel

Dans le placard : *4 cuil. à soupe d'huile d'olive • 4 pincées de piment • sel*

1. Mélangez dans un saladier l'huile d'olive, du sel et le piment.

2. Détaillez la chair de mangue en petits dés en récupérant le jus de la découpe. Mettez-les dans le saladier.

3. Égouttez le crabe, ajoutez-le dans le saladier. Mélangez délicatement. Vérifiez l'assaisonnement.

4. Répartissez dans quatre verrines, gardez au frais en attendant de servir.

Notre conseil

Ajoutez 4 cuil. à soupe de jus de citron vert.

Snack et repas légers

Bricks à l'œuf

4

10 MIN

3 MIN

4 feuilles de brick • 4 œufs extra-frais

Dans le placard : *3 cuil. à soupe d'huile de tournesol • sel • poivre*

1. Étalez 1 feuille de brick dans une assiette creuse. Cassez 1 œuf au centre, salez, poivrez, puis repliez délicatement les bords de la feuille sur l'œuf. Renouvelez l'opération avec les ingrédients restants.

2. Faites chauffer l'huile dans une poêle, faites frire chaque brick pendant 1 minute de chaque côté.

3. Déposez les bricks sur un papier absorbant, puis dressez-les sur les assiettes.

Notre conseil

Ajoutez de la coriandre ciselée ou encore du thon avant la cuisson.

Brouillade à la ciboulette

4

20 MIN

15 MIN

8 œufs • 1 botte de ciboulette

Dans le frigo et le placard : *40 g de beurre • sel • poivre*

1. Battez les œufs avec du sel, du poivre et 2 cuillerées à soupe d'eau.

2. Rincez et épongez la ciboulette, ciselez-la finement, ajoutez-la aux œufs.

3. Préparez un bain-marie : versez de l'eau chaude dans une grande casserole, portez-la à ébullition. Faites fondre le beurre dans une casserole de diamètre inférieur, versez les œufs, plongez-la dans la grande casserole.

4. Fouettez les œufs sans cesse jusqu'à ce qu'ils commencent à prendre.

5. Répartissez-les dans de petites assiettes. Servez immédiatement.

Notre conseil

Utilisez des feuilles d'estragon à la place de la ciboulette, c'est tout aussi bon.

Champignons au jambon

800 g de champignons • 400 g de dés de jambon braisé
***Dans le frigo et le placard :** 40 g de beurre • 1 cuil. à
soupe d'ail semoule • sel • poivre*

4

20 MIN

30 MIN

1. Nettoyez les champignons sous un filet d'eau
froide sans les laisser tremper, épongez-les,
émincez-les.

2. Faites fondre le beurre dans une sauteuse, mettez les champignons, salez, poivrez, parsemez d'ail
semoule. Faites-les revenir pendant 25 minutes en
mélangeant souvent, jusqu'à ce qu'ils aient rendu
leur eau de végétation.

3. Ajoutez les dés de jambon, mélangez, prolongez
la cuisson pendant 5 minutes.

Notre conseil

Choisissez des champignons de Paris, des pleurotes, des
chanterelles, des girolles ou des cèpes selon le marché.

Frittata aux pommes de terre

☘ 4

✎ 20 MIN

🍳 25 MIN

8 œufs • 600 g de pommes de terre (charlotte ou bintje)

Dans le placard : *4 cuil. à soupe d'huile d'olive • sel • poivre*

1. Pelez les pommes de terre, lavez-les, essuyez-les et coupez-les en dés. Faites-les cuire dans une casserole d'eau bouillante pendant 10 minutes. Égouttez-les.

2. Battez les œufs en omelette avec un peu de sel et de poivre et 2 cuillerées à soupe d'eau.

3. Faites chauffer l'huile dans une grande poêle, faites revenir les dés de pomme de terre pendant 5 minutes, versez les œufs et poursuivez la cuisson.

4. Lorsque les œufs sont presque pris, retournez la frittata et laissez-la cuire sur l'autre face pendant 5 minutes. Servez-la chaude ou tiède.

Notre conseil

Pour changer, remplacez les pommes de terre par des dés de poivron rouge. Vous pouvez aussi ajouter des dés de chorizo.

Hot dogs feuilletés

4

15 MIN

30 MIN

1 rouleau de pâte feuilletée rectangulaire • 8 saucisses knacks

Dans le placard : *2 cuil. à soupe de moutarde forte*

1. Préchauffez le four à 150 °C (th. 5).

2. Découpez la pâte feuilletée en 8 bandes de même dimension. Tartinez les bandes de moutarde.

3. Enroulez 1 bande de pâte autour de chaque saucisse pour la recouvrir, déposez-les au fur et à mesure dans un plat à four.

4. Enfournez pour 30 minutes.

––––––––

Notre conseil

Servez avec une salade verte. Pour les servir à l'apéritif, coupez ces hot dogs en rondelles et piquez-les avec un cure-dents.

Omelette aux asperges vertes

4

10 MIN

10 MIN

8 œufs • 1 bocal d'asperges vertes

Dans le frigo et le placard : *40 g de beurre • sel • poivre*

1. Cassez les œufs dans un saladier, battez-les avec un peu de sel et de poivre.

2. Égouttez les asperges, coupez-les en tronçons, ajoutez-les aux œufs.

3. Faites fondre le beurre dans une poêle à revêtement antiadhésif, versez la préparation et faites cuire à feu moyen pendant 5 minutes.

4. Retournez l'omelette, faites-la cuire sur l'autre face pendant 3 minutes. Servez chaud ou tiède.

Omelette aux épinards

4

5 MIN

10 MIN

8 œufs • 1 boîte d'épinards hachés

Dans le placard : *2 cuil. à soupe d'huile d'olive • sel • poivre • noix muscade*

1. Battez les œufs dans un saladier avec du sel, du poivre et 2 cuillerées à soupe d'eau.

2. Réchauffez les épinards dans une casserole avec un peu de noix muscade.

3. Faites chauffer l'huile dans une grande poêle, versez les œufs, faites-les prendre à feu moyen. Lorsque l'omelette est presque prise, recouvrez-la d'épinards.

4. Repliez l'omelette en chausson et faites-la glisser sur un plat de service.

Notre conseil

Ajoutez des dés de jambon ou des lardons pour un plat plus nourrissant.

Salade de lentilles et œufs pochés

4

10 MIN

8 MIN

1 boîte de lentilles au naturel • 8 œufs

Dans le placard : *1 cuil. à café de moutarde forte •
2 cuil. à soupe de vinaigre de vin • 4 cuil. à soupe d'huile
de colza • sel • poivre*

1. Pochez les œufs dans de l'eau bouillante pendant 8 minutes. Rafraîchissez-les, écalez-les délicatement.

2. Égouttez les lentilles, versez-les dans un saladier.

3. Mélangez la moutarde, le vinaigre, du sel et du poivre avec l'huile. Versez sur les lentilles, mélangez bien.

4. Répartissez les lentilles sur quatre assiettes, déposez 2 œufs sur chacune, ouvrez-les afin que le jaune s'écoule un peu. Servez aussitôt.

Notre conseil

Remplacez les œufs pochés par des dés de saumon fumé.
Les lentilles s'accommodent aussi de dés de jambon braisé.

Salade de mâche aux foies de volaille

4

10 MIN

10 MIN

1 sachet de mâche • 1 sachet de gésiers de volaille confits

Dans le placard : *1 cuil. à soupe de moutarde • 1 cuil. à soupe de vinaigre de vin • 3 cuil. à soupe d'huile de colza • sel • poivre*

1. Faites revenir les gésiers de volaille dans une poêle à feu doux pendant 10 minutes.

2. Mélangez dans un saladier la moutarde avec du sel, du poivre, le vinaigre et l'huile.

3. Rincez et essorez la mâche, mettez-la dans le saladier, mélangez.

4. Disposez dessus les gésiers de volaille. Servez aussitôt.

———

Notre conseil

Réalisez aussi cette recette avec des foies de canard confits. Ajoutez des dés de pommes de terre cuites à l'eau pour les gros appétits.

Blanc de poulet au paprika

4

10 MIN

45 MIN

4 blancs de poulet • 2 cuil. à soupe de paprika

Dans le placard : *4 cuil. à soupe d'huile d'olive • sel • poivre*

1. Préchauffez le four à 180 °C (th. 6).

2. Mélangez le paprika et l'huile d'olive avec du sel et du poivre.

3. Enrobez les blancs de poulet avec ce mélange, déposez-les dans un plat et enfournez pour 45 minutes.

Notre conseil

Servez avec du riz ou des patates douces.

Boudin noir aux pommes

4 boudins noirs • 4 pommes reinettes

Dans le frigo et le placard : *40 g de beurre • sel • poivre*

1. Pelez les pommes, coupez-les en lamelles.

2. Faites fondre le beurre dans une poêle et faites revenir les lamelles de pomme, en les retournant délicatement pendant 10 minutes.

3. Piquez les boudins de quelques coups de fourchette, déposez-les dans la poêle et poursuivez la cuisson pendant 10 minutes en les retournant. Salez, poivrez. Servez bien chaud.

———

Notre conseil
Accompagnez d'une purée de pommes de terre.

Cuisse de lapin à la moutarde

4 cuisses de lapin • 4 cuil. à soupe de crème fraîche épaisse

Dans le placard : 4 cuil. à soupe de moutarde forte • 4 cuil. à soupe d'huile d'olive • sel • poivre

1. Préchauffez le four à 180 °C (th. 6).

2. Badigeonnez les cuisses de lapin de moutarde, salez et poivrez légèrement. Déposez-les dans un plat à four, arrosez d'huile d'olive.

3. Enfournez pour 45 minutes.

4. Retirez les cuisses de lapin du plat, ajoutez la crème dans le plat en mélangeant jusqu'à ce qu'elle soit liquide, remettez le lapin et servez aussitôt.

Notre conseil

Vous pouvez aussi réaliser cette recette avec des découpes de poulet. Servez avec des pâtes fraîches.

Curry de dinde

4

15 MIN

10 MIN

800 g de blancs de dinde • 2 yaourts nature

Dans le placard : *2 cuil. à soupe de curry • 2 cuil. à soupe d'huile d'olive • sel • poivre*

1. Émincez les blancs de dinde en lamelles.

2. Faites chauffer l'huile dans une sauteuse et faites revenir les lamelles de dinde en les retournant pendant 5 minutes, salez, poivrez, saupoudrez de curry, puis versez les yaourts. Mélangez bien.

3. Poursuivez la cuisson pendant 5 minutes. Servez aussitôt.

———

Notre conseil

Accompagnez ce plat de riz blanc. Parsemez la viande de feuilles de coriandre ciselée si vous en avez.

Échine de porc à l'ananas

1 rôti de porc dans l'échine de 800 g • 500 g de morceaux d'ananas frais

Dans le placard : *4 cuil. à soupe d'huile d'olive • sel • poivre*

4

10 MIN

1 H 35

1. Faites chauffer l'huile dans une cocotte, faites dorer le rôti en le retournant souvent pendant 5 minutes.

2. Ajoutez les morceaux d'ananas, salez, poivrez, mélangez. Couvrez la cocotte et laissez cuire à feu doux pendant 1 heure 30.

3. Découpez le rôti en tranches, dressez-les sur un plat de service, entourez de morceaux d'ananas, nappez de sauce.

Effiloché de confit de canard aux haricots

4

15 MIN

15 MIN

4 cuisses de canard confit • 1 bocal de haricots blancs au naturel

1. Versez les haricots blancs dans une casserole. Égouttez les cuisses de canard confit. Gardez le surplus de graisse pour une autre utilisation.

2. Effilochez la chair des cuisses de canard, mettez-la dans la casserole.

3. Réchauffez à feu doux pendant 15 minutes. Servez aussitôt.

———

Notre conseil

Pour changer, prenez des haricots blancs cuisinés à la tomate. Vous pouvez réchauffer ce plat au four, après l'avoir saupoudré de chapelure. Utilisez la graisse de canard pour cuisiner des pommes de terre sarladaises.

Émincé de veau à la sauge

4

800 g d'escalopes de veau • 4 cl de vin blanc sec

15 MIN

Dans le placard : *3 cuil. à soupe d'huile d'olive • 3 cuil. à soupe de sauge séchée • sel • poivre*

20 MIN

1. Coupez les escalopes en lamelles. Faites chauffer l'huile dans une poêle et faites revenir les lamelles de veau pendant 3 minutes.

2. Saupoudrez de sauge, arrosez de vin blanc, salez et poivrez. Mélangez.

3. Poursuivez la cuisson pendant 15 minutes. Servez aussitôt.

Notre conseil

Réalisez cette recette avec des blancs de poulet émincés.

Épaule d'agneau au pesto

4

10 MIN

35 À 40 MIN

1 épaule d'agneau roulée • 1 pot de pesto

Dans le placard : *2 cuil. à soupe d'huile d'olive*

1. Préchauffez le four à 210 °C (th. 7). Huilez un plat à four.

2. Délayez le pesto avec l'huile d'olive, tartinez-en l'épaule, placez-la dans un plat à four.

3. Enfournez pour 35 à 40 minutes.

4. Découpez l'épaule en tranches, dressez sur un plat de service, arrosez de sauce.

———

Notre conseil

Servez avec des pâtes fraîches ou des flageolets.

Escalope de poulet aux champignons

4 escalopes de poulet • 400 g de champignons de Paris

Dans le placard : 2 cuil. à soupe d'échalote semoule • 4 cuil. à soupe d'huile d'olive • sel • poivre

1. Coupez le bout terreux des champignons, nettoyez-les rapidement sous un jet d'eau froide, épongez-les et détaillez-les en fines lamelles.

2. Faites chauffer 1 cuillerée à soupe d'huile dans une poêle et faites revenir les champignons, saupoudrez-les d'échalote semoule, salez, poivrez. Poursuivez la cuisson à feu doux jusqu'à ce qu'ils rendent leur eau de végétation.

3. Mixez les champignons.

4. Déposez les escalopes sur une planche, tartinez-les avec la purée de champignons, roulez-les sur elles-mêmes, fixez-les avec de la ficelle.

5. Faites chauffer le reste d'huile dans une cocotte, faites dorer les roulades de poulet sur toutes leurs faces, salez, poivrez, couvrez la cocotte et laissez cuire à feu doux pendant 15 minutes.

Filet mignon aux pruneaux

4

10 MIN

1 H 40

2 filets mignons de porc • 12 pruneaux dénoyautés

Dans le placard : *2 cuil. à soupe d'oignon semoule • 4 cuil. à soupe d'huile d'olive • sel • poivre*

1. Faites chauffer l'huile dans une cocotte et faites dorer les filets mignons pendant 10 minutes en les retournant souvent, saupoudrez-les d'oignon semoule, salez, poivrez et ajoutez les pruneaux.

2. Arrosez avec 10 cl d'eau, fermez la cocotte. Laissez cuire pendant 1 heure 30 à feu doux.

3. Découpez les filets mignons en tranches, disposez-les sur un plat de service, entourez-les de pruneaux, nappez de sauce.

―――――

Notre conseil

Remplacez l'eau par du vin blanc sec.

Foie de veau
aux échalotes confites

🍪 4

🥄 15 MIN

🍳 40 MIN

4 tranches de foie de veau • 12 échalotes

Dans le frigo et le placard : *50 g de beurre • 2 cuil. à soupe de vinaigre de vin • sel • poivre*

1. Pelez les échalotes, gardez-les entières. Faites fondre la moitié du beurre dans une casserole et faites revenir les échalotes, salez, poivrez. Laissez confire à feu doux pendant 30 minutes.

2. Dans une poêle, faites fondre le reste de beurre et faites cuire les tranches de foie de veau pendant 2 à 3 minutes de chaque côté.

3. Dressez les tranches de foie sur les assiettes de service, ajoutez les échalotes.

4. Déglacez la poêle avec le vinaigre, versez sur les assiettes. Servez bien chaud.

Notre conseil

Privilégiez le vinaigre de vin à la framboise si vous en avez. Et accompagnez ce plat d'épinards frais.

Jambon à la crème

4

5 MIN

15 MIN

8 tranches de jambon blanc • 25 cl de crème fraîche
***Dans le placard :** 2 cuil. à soupe de poivre concassé • sel*

1. Préchauffez le four à 150 °C (th. 5).

2. Roulez les tranches de jambon sur elles-mêmes, disposez-les côte à côte dans un plat à four. Saupoudrez de poivre concassé, nappez de crème, salez légèrement.

3. Réchauffez au four pendant 15 minutes.

Notre conseil
Servez avec des épinards et/ou du riz.

Lapin en paquets

4

10 MIN

45 MIN

4 cuisses de lapin • 8 tranches fines de poitrine fumée
Dans le placard : *4 cuil. à soupe d'huile d'olive • 2 cuil. à soupe de thym séché • sel • poivre*

1. Préchauffez le four à 180 °C (th. 6).

2. Enveloppez chaque cuisse de lapin dans 2 tranches fines de poitrine fumée, déposez-les dans un plat à four. Parsemez de thym, salez très peu, poivrez et arrosez d'un peu d'huile.

3. Enfournez pour 45 minutes.

––––––

Notre conseil

Préparez cette recette avec des découpes de poulet. Ajoutez des tomates cerise coupées en deux.

Magret de canard à la groseille

⚜ 4

🍴 10 MIN

🍲 20 MIN

2 magrets de canard • ½ pot de gelée de groseilles

Dans le placard : *4 cuil. à soupe de vinaigre de vin • sel • poivre*

1. Quadrillez la peau des magrets avec un couteau bien aiguisé. Faites chauffer une poêle, déposez les magrets côté peau, faites cuire à feu vif pendant 10 minutes. Jetez le gras rendu par la peau, faites cuire les magrets sur l'autre face à feu moyen pendant 5 minutes. Réservez sur une assiette.

2. Déglacez la poêle avec le vinaigre, faites bouillir, puis ajoutez la gelée de groseilles, mélangez bien pour la dissoudre.

3. Coupez les magrets en tranches, remettez-les dans la poêle pendant 2 minutes pour les réchauffer.

4. Répartissez les tranches de magret sur les assiettes de service, arrosez de sauce et servez aussitôt.

Notre conseil

Adaptez le temps de cuisson du magret à votre goût personnel : 10 minutes côté peau, puis 5 minutes côté chair si vous l'aimez saignant, 8 minutes si vous le préférez bien cuit.

Pintade à la choucroute

4

🥄

10 MIN

🍴

1 H 30

1 pintade • 1 kg de choucroute cuite

Dans le placard : *4 cuil. à soupe d'huile de tournesol • sel • poivre*

1. Faites chauffer l'huile dans une cocotte et faites dorer la pintade sur toutes ses faces à feu vif, salez et poivrez très légèrement. Ajoutez 4 cl d'eau, couvrez et laissez cuire pendant 1 heure.

2. Intégrez la choucroute dans la cocotte, couvrez et prolongez la cuisson pendant 30 minutes.

3. Découpez la pintade.

4. Dressez la choucroute en dôme sur un plat, entourez-la de morceaux de pintade. Servez bien chaud.

✿
4

20 MIN

🍲
40 MIN

Pomme de terre farcie au confit de canard

8 pommes de terre de 100 g chacune environ • 4 cuisses de confit de canard

1. Faites cuire les pommes de terre avec leur peau dans de l'eau bouillante pendant 20 minutes, égouttez-les. Préchauffez le four à 180 °C (th. 6).

2. Découpez dans chaque pomme de terre une calotte, creusez-les avec une cuillère en prenant garde de ne pas les casser. Réservez la pulpe retirée. Déposez les pommes de terre dans un plat à four.

3. Effilochez la chair des cuisses de canard, répartissez-la dans les pommes de terre évidées.

4. Enfournez pour 20 minutes. Servez aussitôt.

———

Notre conseil

Recouvrez l'effiloché de canard de chapelure pour un effet gratiné.

Poulet au miel

4

10 MIN

45 MIN

4 découpes de poulet • 3 cuil. à soupe de miel

Dans le placard : *3 cuil. à soupe de moutarde forte •*
3 cuil. à soupe d'huile d'olive • sel • poivre

1. Préchauffez le four à 180 °C (th. 6).

2. Mélangez dans un plat creux la moutarde, le miel,
l'huile d'olive, un peu de sel et de poivre. Passez les
morceaux de poulet dans le mélange, puis déposez-
les dans le plat.

3. Enfournez pour 45 minutes.

Notre conseil

Servez avec une purée ou une poêlée de légumes.

Poulet au thym et au citron

4

15 MIN

30 MIN

30 MIN

4 découpes de poulet • 2 citrons bio

Dans le placard : *2 cuil. à soupe de thym séché • 4 cuil. à soupe d'huile d'olive • sel • poivre*

1. Râpez le zeste des citrons, pressez les fruits, mettez jus et zeste dans un grand plat, ajoutez l'huile d'olive, le thym effeuillé, du sel, du poivre, mélangez.

2. Placez les morceaux de poulet dans le plat, retournez-les plusieurs fois pour qu'ils soient bien enrobés de marinade et laissez reposer pendant 30 minutes.

3. Préchauffez le four à 180 °C (th. 6). Enfournez le plat pour 30 minutes en arrosant de temps en temps les morceaux de poulet avec la marinade.

Poulet au chorizo

4 découpes de poulet • 8 rondelles de chorizo

Dans le placard : *4 cuil. à soupe d'huile d'olive • 4 cuil. à soupe de thym effeuillé • sel • poivre*

1. Préchauffez le four à 180 °C (th. 6).

2. Glissez sous la peau des découpes de poulet des rondelles de chorizo, déposez-les dans un plat à four, saupoudrez-les de thym, salez, poivrez légèrement et arrosez d'huile d'olive.

3. Enfournez pour 35 minutes.

Notre conseil

Servez avec une ratatouille.

Poulet aux olives

4

5 MIN

30 MIN

4 découpes de poulet • 200 g d'olives vertes

Dans le placard : *4 cuil. à soupe d'huile d'olive • 1 cuil. à soupe d'ail semoule • 1 cuil. à soupe de cumin moulu*

1. Faites chauffer l'huile dans une cocotte et faites dorer les morceaux de poulet, poivrez légèrement, saupoudrez d'ail semoule, mélangez, couvrez et laissez cuire pendant 20 minutes.

2. Ajoutez les olives et le cumin, et poursuivez la cuisson pendant 5 minutes.

———

Notre conseil

Surveillez bien afin que le poulet n'attache pas.
Si c'est le cas, ajoutez 10 cl d'eau. Servez avec de la semoule cuite à la vapeur.

Rognons de veau
à la moutarde

4

5 MIN

10 MIN

1 rognon de veau paré et coupé en cubes • 25 cl de crème fraîche

Dans le frigo et le placard : *40 g de beurre • 2 cuil. à soupe de moutarde forte • sel • poivre*

1. Faites fondre le beurre dans une poêle et faites revenir les rognons en les retournant souvent pendant 5 minutes, salez, poivrez.

2. Mélangez la crème et la moutarde, versez sur les rognons, prolongez la cuisson pendant 5 minutes. Servez aussitôt.

———

Notre conseil

Ajoutez des champignons de Paris émincés, servez avec des pommes de terre vapeur.

Rôti de porc à la bière

1 rôti de porc dans l'échine de 800 g • 50 cl de bière blonde

Dans le placard : 2 cuil. à soupe d'ail semoule • 2 cuil. à soupe d'oignon semoule • sel • poivre

1. Placez le rôti dans une cocotte, parsemez d'ail et d'oignon semoule, salez, poivrez, arrosez de bière.

2. Portez à ébullition, puis baissez le feu et laissez cuire très doucement pendant 1 heure 30.

3. Découpez le rôti en tranches, disposez-les sur un plat, arrosez de sauce.

———

Notre conseil

Choisissez un rôti dans le filet si vous voulez une viande blanche et des tranches régulières. Mais ce morceau sera moins moelleux que pris dans l'échine.

Rôti de porc et pommes de terre

4

10 MIN

1 H 15

800 g de rôti de porc • 600 g de pommes de terre (bintje, charlotte, roseval)

Dans le placard : *1 cuil. à soupe d'herbes de Provence • 1 cuil. à soupe de moutarde forte • 3 cuil. à soupe d'huile d'olive • sel • poivre*

1. Préchauffez le four à 210 °C (th. 7).

2. Mélangez dans un bol la moutarde, l'huile d'olive, du sel, du poivre et les herbes. Badigeonnez le rôti avec cette préparation et déposez-le dans un plat à four.

3. Pelez les pommes de terre, coupez-les en quartiers, lavez-les, épongez-les, mettez-les autour du rôti.

4. Enfournez pour 1 h 15 en baissant le thermostat à 6 (180 °C) au bout de 30 minutes.

5. Découpez le rôti en tranches, servez-le avec le jus de cuisson et les pommes de terre.

Notre conseil

Pour varier, n'utilisez pas de pommes de terre mais servez avec des pâtes fraîches.

Souris d'agneau au muscat

4

5 MIN

2 H

4 souris d'agneau • 40 cl de vin de muscat

Dans le placard : *3 cuil. à soupe de miel • 4 cuil. à soupe d'huile d'olive • sel • poivre*

1. Faites chauffer l'huile dans une grande cocotte et faites dorer les souris d'agneau sur toutes leurs faces, salez, poivrez, arrosez de miel et de muscat.

2. Mélangez et laissez confire à feu doux pendant 2 heures.

———

Notre conseil

Servez avec de la semoule cuite à la vapeur.

Steak au poivre

4 pavés de bœuf • 30 cl de crème fraîche

Dans le frigo et le placard : *2 cuil. à soupe de poivre concassé • 50 g de beurre • sel*

4

5 MIN

DE 5 À
15 MIN

1. Parsemez les pavés de bœuf de poivre concassé en appuyant pour bien faire adhérer.

2. Faites fondre le beurre dans une poêle, saisissez les pavés à feu vif, laissez-les cuire le temps adapté à votre goût, puis retirez-les, déposez-les sur un plat.

3. Versez la crème dans la poêle, ajoutez un peu de sel, mélangez avec une cuillère en bois pour décoller les grains de poivre et versez sur la viande. Servez aussitôt.

Notre conseil

Pour la cuisson des pavés de bœuf, comptez 2 minutes sur chaque face pour une viande bleue, 3 minutes pour une viande saignante, 6 minutes pour une viande à point et 8 minutes pour une viande bien cuite.

Tournedos au beurre d'estragon

4

10 MIN

10 MIN

4 tournedos • 3 branches d'estragon

Dans le frigo et le placard : *100 g de beurre • 1 cuil. à café de sel de Guérande • 1 cuil. à café de poivre concassé*

1. Ciselez les feuilles d'estragon très finement.

2. Travaillez le beurre à la fourchette dans un petit saladier avec le sel de Guérande et le poivre concassé. Réservez au frais en attendant de servir.

3. Faites griller les tournedos à la poêle ou au barbecue pendant 3 à 5 minutes de chaque côté selon votre goût. Servez aussitôt avec 1 noisette de beurre d'estragon.

———

Notre conseil

Doublez les proportions et congelez une partie de ce beurre en l'enveloppant dans un film alimentaire.

Brochette de gambas aux herbes

4

15 MIN

15 MIN

20 gambas crues • 8 tomates cerise

Dans le placard : *2 cuil. à soupe d'huile d'olive • 2 cuil. à soupe d'herbes de Provence • sel • poivre*

1. Préchauffez le four à 210 °C (th. 7).

2. Mélangez dans un saladier l'huile d'olive et les herbes de Provence, salez, poivrez.

3. Mettez les gambas dans le saladier, retournez-les plusieurs fois, pour qu'elles soient bien enrobées du mélange, puis piquez-les sur des brochettes avec les tomates cerise.

4. Placez les brochettes sur la plaque du four et faites cuire pendant 15 minutes.

Notre conseil

Vous pouvez réaliser cette recette à la plancha ou au barbecue. Arrosez les crevettes d'un filet de jus de citron au moment de servir.

Cabillaud au beurre de gingembre

4

10 MIN

10 MIN

4 pavés de cabillaud • 4 cm de gingembre frais

Dans le frigo et le placard : *100 g de beurre demi-sel • 2 pincées de piment*

1. Pelez le gingembre, râpez-le. Travaillez le beurre à la fourchette dans un bol avec le gingembre et le piment. Conservez au frais.

2. Faites cuire les pavés de cabillaud à la vapeur pendant 10 minutes.

3. Déposez les pavés de poisson sur les assiettes de service, garnissez-les d'1 noix de beurre au gingembre, servez le reste dans un ramequin.

Notre conseil

Utilisez ce beurre avec tout autre poisson vapeur, ou encore des blancs de poulet grillés.

Cabillaud vapeur au coulis d'ail

🌸
4

🔪
15 MIN

🍳
10 MIN

4 filets de cabillaud • 6 gousses d'ail

Dans le placard : *6 cuil. à soupe d'huile d'olive • sel • poivre*

1. Faites cuire les filets de cabillaud à la vapeur pendant 10 minutes.

2. Pelez les gousses d'ail, mixez-les avec l'huile d'olive, du sel et du poivre.

3. Déposez 1 filet de cabillaud sur chaque assiette, arrosez d'un peu de coulis d'ail.

———

Notre conseil

Choisissez de l'ail nouveau, qui est parfumé sans être âcre. Parsemez d'herbes fraîches si vous en avez, persil, ciboulette, basilic…

Calamars au chorizo

800 g de calamars • 150 g de chorizo doux

Dans le placard : *2 cuil. à soupe d'ail semoule • 3 cuil. à soupe d'huile d'olive • 1 cuil. à soupe de vinaigre de vin • sel • poivre*

1. Coupez le chorizo en fines tranches, puis détaillez chaque tranche en quatre.

2. Rincez et séchez les calamars.

3. Faites chauffer l'huile d'olive dans une sauteuse, faites revenir les calamars et le chorizo pendant 2 minutes, saupoudrez d'ail semoule, ajoutez le vinaigre, poursuivez la cuisson pendant 3 minutes en mélangeant, salez, poivrez. Servez aussitôt.

Notre conseil

Accompagnez ce plat de riz blanc nature.

Crevettes ail et persil

4

20 MIN

5 MIN

16 grosses crevettes crues • 1 bouquet de persil plat

Dans le placard : *2 cuil. à soupe d'ail semoule • 4 cuil. à soupe d'huile d'olive • sel • poivre*

1. Lavez et épongez le persil, hachez-le.

2. Mélangez dans un petit saladier l'huile d'olive, l'ail semoule, du sel et du poivre.

3. Décortiquez les crevettes crues, mettez-les dans le saladier, mélangez bien pour qu'elles soient bien enrobées de sauce.

4. Faites cuire les crevettes dans une poêle bien chaude pendant 5 minutes en les retournant plusieurs fois. Parsemez de persil.

————

Notre conseil

Servez avec des quartiers de citron. Vous pouvez faire cuire ces crevettes à la plancha ou au barbecue.

Croustillant de lotte

700 g de queue de lotte désossée • 4 feuilles de brick

Dans le placard : *2 cuil. à soupe d'échalote semoule •*
4 cuil. à soupe d'huile d'olive • sel • poivre

1. Préchauffez le four à 210 °C (th. 7). Recouvrez la plaque du four de papier cuisson.

2. Coupez la lotte en 4 parts égales. Étalez les feuilles de brick sur le plan de travail, déposez au centre de chacune 1 morceau de lotte, salez, poivrez, saupoudrez d'un peu d'échalote semoule.

3. Repliez les feuilles de brick, badigeonnez-les d'huile, déposez-les sur la plaque du four et enfournez pour 20 minutes.

Notre conseil

Réalisez cette recette avec un autre poisson blanc. Pour une jolie présentation, refermez les feuilles de brick en aumônière avec un brin de ciboulette ou une pique en bois.

Filets de rougets au bacon

☘ 4

✎ 10 MIN

🍳 5 MIN

12 filets de rouget • 8 tranches de bacon

Dans le placard : *1 cuil. à soupe d'huile d'olive • poivre du moulin*

1. Faites griller les tranches de bacon pendant 2 minutes dans une poêle à feu vif.

2. En même temps, faites chauffer l'huile d'olive dans une autre poêle, déposez les filets de rougets, faites-les cuire pendant 3 minutes en les retournant à mi-cuisson.

3. Déposez sur chaque assiette 3 filets de rougets, 2 tranches de bacon, donnez un tour de moulin à poivre. Servez bien chaud.

Papillotes de cabillaud au citron

4

15 MIN

25 MIN

4 filets de cabillaud • 1 citron bio

Dans le placard : *2 cuil. à soupe d'échalote semoule • 4 cuil. à soupe d'huile d'olive • sel • poivre*

1. Préchauffez le four à 210 °C (th. 7).

2. Découpez 4 rectangles de papier d'aluminium, huilez-les légèrement. Coupez le citron en fines rondelles.

3. Déposez sur chaque rectangle 1 filet de cabillaud, saupoudrez d'un peu d'échalote semoule, garnissez d'1 ou 2 rondelles de citron, arrosez d'un filet d'huile d'olive, salez, poivrez.

4. Refermez hermétiquement les papillotes, mettez-les dans un plat à four et enfournez pour 25 minutes.

Papillotes de filets de merlan à l'orange

4

15 MIN

20 MIN

4 filets de merlan • 2 oranges

Dans le placard : *4 cuil. à soupe d'huile d'olive • sel • poivre*

1. Préchauffez le four à 180 °C (th. 6).

2. Découpez 4 rectangles de papier d'aluminium. Déposez 1 filet de merlan sur chaque rectangle, salez, poivrez.

3. Pressez les oranges, arrosez les filets de merlan avec le jus, versez un filet d'huile d'olive et refermez hermétiquement les papillotes.

4. Déposez les papillotes sur la plaque du four et enfournez pour 20 minutes.

Notre conseil

Servez avec du riz. Vous pouvez réaliser cette recette avec un autre poisson blanc, comme le cabillaud.

Papillotes de saumon à l'estragon

♧
4

10 MIN

30 MIN

4 pavés de saumon de 140 g chacun • 4 branches d'estragon

Dans le placard : *4 cuil. à soupe d'huile d'olive • sel de Guérande • poivre du moulin*

1. Préchauffez le four à 180 °C (th. 6).

2. Découpez 4 carrés de papier d'aluminium, huilez-les légèrement. Lavez, épongez et effeuillez l'estragon, ciselez-le.

3. Déposez au centre de chaque carré 1 pavé de saumon, salez, poivrez, parsemez d'estragon.

4. Refermez hermétiquement les papillotes, déposez-les dans un plat à four et enfournez pour 30 minutes.

Notre conseil

Ajoutez dans chaque papillote 1 rondelle de citron bio.

Poêlée de crevettes aux lardons

16 grosses crevettes roses décortiquées • 200 g de lardons fumés

1. Faites dorer les lardons à sec dans une grande poêle à revêtement antiadhésif pendant 5 minutes.

2. Retirez les lardons avec une écumoire en gardant la graisse rendue. Mettez les crevettes dans la poêle, faites-les cuire à feu vif en les retournant régulièrement pendant 5 minutes. Remettez les lardons, prolongez la cuisson pendant 3 minutes.

3. Répartissez les crevettes et les lardons dans des cassolettes. Servez aussitôt.

Notre conseil

Accompagnez cette poêlée de riz blanc ou de pâtes fraîches. Cette recette est aussi très bonne avec des calamars.

Rôti de saumon au lard fumé

4

5 MIN

30 MIN

1 morceau de saumon frais de 800 g • 12 tranches fines de poitrine fumée

Dans le placard : *3 cuil. à soupe d'huile d'olive • poivre du moulin*

1. Préchauffez le four à 180 °C (th. 6).

2. Entourez le saumon de tranches de poitrine fumée, placez-le dans un plat à four. Badigeonnez-le d'huile d'olive et poivrez.

3. Enfournez pour 30 minutes.

———

Notre conseil

Servez avec des courgettes persillées et du riz complet.

Saint-jacques au piment et au citron vert

4

10 MIN

5 MIN

16 noix de Saint-Jacques • 6 cuil. à soupe de citron vert

Dans le placard : *½ cuil. à café de piment • 2 cuil. à soupe d'huile d'olive*

1. Faites chauffer une poêle à revêtement adhésif.

2. Dans un bol, mélangez le jus de citron avec l'huile et le piment.

3. Faites cuire les noix de Saint-Jacques dans la poêle à feu vif, 2 minutes de chaque côté. Répartissez-les sur les assiettes de service. Nappez de sauce.

Notre conseil

Privilégiez le piment d'Espelette si vous en avez.

Saumon en persillade

4

15 MIN

15 MIN

4 filets de saumon • 4 cuil. à soupe de chapelure

Dans le frigo et le placard : *1 cuil. à soupe d'ail semoule • 4 cuil. à soupe de persil séché • 40 g de beurre • sel • poivre*

1. Faites cuire les filets de saumon à la vapeur ou dans de l'eau salée pendant 10 minutes.

2. Pendant ce temps, mélangez dans un bol le beurre, l'ail, la chapelure, le persil avec un peu de sel et de poivre.

3. Déposez les filets de saumon dans un plat à four, tartinez-les de beurre à la chapelure, passez sous le gril pendant 5 minutes. Servez aussitôt.

Notre conseil

Cette recette est aussi très bonne avec des filets de poulet si vous préférez la volaille au poisson. Vous pouvez ajouter à votre guise un peu de parmesan râpé.

Saumon grillé au citron

4 filets de saumon • 6 cuil. à soupe de jus de citron

Dans le placard : 3 cuil. à soupe d'huile d'olive • sel
• poivre

1. Préchauffez le four à 240 °C (th. 8).

2. Disposez les filets de saumon dans un plat à
four, arrosez-les d'huile d'olive et de citron, salez,
poivrez.

3. Enfournez pour 8 minutes.

Truites au fenouil

4

15 MIN

35 MIN

4 truites • 2 bulbes de fenouil

Dans le placard : *2 cuil. à soupe d'huile d'olive • sel • poivre*

1. Préchauffez le four à 180 °C (th. 6).

2. Émincez finement les bulbes de fenouil.

3. Découpez 4 grands rectangles de papier d'aluminium. Déposez un peu d'huile d'olive sur chaque rectangle, puis 1 truite, un peu de fenouil émincé, salez, poivrez, arrosez d'un peu d'huile.

4. Refermez hermétiquement les papillotes, mettez-les sur la plaque du four et enfournez pour 35 minutes.

———

Notre conseil

Essayez cette recette avec des pavés de saumon.

Truites aux amandes

4

20 MIN

4 truites • 100 g d'amandes effilées

Dans le frigo et le placard : *50 g de beurre • 20 g de farine • sel • poivre*

1. Lavez et essuyez les truites avec un essuie-tout. Farinez-les.

2. Faites fondre le beurre dans une grande poêle, mettez les truites, faites-les cuire à feu moyen pendant 5 minutes sur chaque côté, salez, poivrez.

3. Faites griller légèrement les amandes à sec dans une autre poêle jusqu'à ce qu'elles colorent.

4. Déposez 1 truite sur chaque assiette, arrosez avec le beurre de cuisson et parsemez d'amandes effilées.

Aubergines au cumin

4

15 MIN

45 MIN

4 aubergines • 2 gousses d'ail

Dans le placard : *1 cuil. à soupe de cumin moulu • 4 cuil. à soupe d'huile d'olive • sel • poivre*

1. Préchauffez le four à 180 °C (th. 6).

2. Lavez et essuyez les aubergines, coupez-les en tranches dans la longueur, disposez-les dans un plat à four.

3. Pelez les gousses d'ail, écrasez-les au presse-ail sur les aubergines.

4. Mélangez l'huile d'olive avec le cumin, du sel et du poivre, versez sur les aubergines et enfournez pour 1 heure en baissant à 150 °C (th. 5).

———

Notre conseil

Servez avec des côtes d'agneau grillées.

Courgettes à la menthe

1 kg de courgettes • 4 branches de menthe fraîche

Dans le placard : *4 cuil. à soupe d'huile d'olive • sel • poivre*

1. Lavez les courgettes, coupez-les en rondelles. Faites chauffer l'huile dans une cocotte, mettez les rondelles de courgette, salez, poivrez, mélangez, faites dorer pendant 5 minutes.

2. Arrosez de 5 cl d'eau. Couvrez la cocotte et faites cuire pendant 20 minutes.

3. Dressez les courgettes sur un plat ou dans quatre cocottes individuelles.

4. Lavez et épongez les feuilles de menthe, ciselez-les et parsemez-en les courgettes. Servez chaud ou tiède.

Écrasé de carottes

800 g de carottes • 1 marmite de bouillon de bœuf ou de poule en gelée (Knorr®)

⚘ 4

🥄 15 MIN

🔲 30 MIN

1. Pelez les carottes, coupez-les en rondelles.

2. Mettez dans une grande casserole la marmite de bouillon, ajoutez 50 cl d'eau. Mélangez bien pour dissoudre le bouillon.

3. Ajoutez les carottes. Portez à ébullition, faites cuire pendant 20 à 30 minutes. Les carottes doivent être tendres. Égouttez-les en gardant le bouillon.

4. Écrasez les carottes à la fourchette en ajoutant un peu de bouillon. Servez bien chaud.

———

Notre conseil
Parsemez de feuilles de persil ciselées.

Endives braisées à l'orange

4

20 MIN

30 MIN

8 endives • 4 oranges

Dans le placard : *20 g de beurre • sel • poivre*

1. Retirez les feuilles flétries des endives ainsi que le cône situé à la base, coupez-les en deux dans la longueur. Faites-les cuire pendant 10 minutes dans de l'eau bouillante salée, puis égouttez-les à fond.

2. Pressez les oranges.

3. Faites fondre le beurre dans une grande sauteuse, disposez les demi-endives côte à côte, arrosez-les de jus d'orange, couvrez et laissez cuire pendant 20 minutes. Servez bien chaud.

Épinards aux lardons

600 g de pousses d'épinards frais • 200 g de lardons fumés

Dans le placard : *2 cuil. à soupe d'huile d'olive • sel • poivre*

4

15 MIN

15 MIN

1. Lavez et épongez les feuilles d'épinards, équeutez-les.

2. Faites chauffer l'huile dans une sauteuse, faites dorer les lardons en mélangeant pendant 3 minutes, puis ajoutez les épinards, salez, poivrez. Poursuivez la cuisson pendant 10 minutes.

Lentilles corail aux carottes

4

15 MIN

20 MIN

200 g de lentilles corail • 2 carottes

Dans le placard : *1 cuil. à café d'ail semoule • 1 cuil. à café de curry • 1 cuil. à café de gingembre moulu • 1 cuil. à café de cumin en poudre • sel • poivre*

1. Pelez les carottes, coupez-les en rondelles.

2. Versez les lentilles dans une cocotte, ajoutez les carottes, toutes les épices et mouillez avec 75 cl d'eau. Portez à ébullition, puis baissez le feu et laissez frémir pendant 15 minutes.

Notre conseil

Servez avec des œufs pochés ou des dés de jambon fumé.

Navets glacés

12 navets • 40 g de beurre

Dans le placard : *4 cuil. à soupe de sucre*

1. Pelez les navets. Faites-les cuire dans de l'eau bouillante salée pendant 10 minutes. Surveillez la cuisson, ils doivent rester légèrement fermes. Égouttez-les.

2. Faites fondre le beurre dans une sauteuse, versez le sucre, mélangez, puis ajoutez les navets.

3. Faites-les revenir à feu doux pendant une dizaine de minutes, afin qu'ils soient brillants.

4

20 MIN

20 MIN

Notre conseil

Choisissez de préférence des petits navets de printemps en botte bien ronds, de même dimension. En hiver, utilisez des navets que vous taillerez avec un épluche-légumes pour qu'ils aient la même taille. Servez ces navets avec des magrets de canard.

Patates douces et carottes rôties aux épices

4

15 MIN

20 MIN

3 patates douces • 4 carottes

Dans le placard : *2 cuil. à café de cumin moulu • 2 cuil. à café de gingembre moulu • 4 cuil. à soupe d'huile d'olive • sel • poivre*

1. Préchauffez le four à 180 °C (th. 6).

2. Pelez les patates douces et les carottes, coupez-les en morceaux de la taille d'un doigt.

3. Versez l'huile d'olive dans un saladier, ajoutez le cumin et le gingembre, du sel et du poivre, mélangez bien. Mettez les morceaux de patate douce et de carottes dans l'huile épicée, mélangez pour qu'ils soient bien enrobés, puis étalez-les dans un plat à four.

4. Enfournez pour 20 minutes.

Poêlée de cœurs d'artichauts au chorizo

4

5 MIN

10 MIN

12 cœurs d'artichauts au naturel en boîte • 8 rondelles de chorizo

1. Coupez les tranches de chorizo en quatre, faites-les griller à sec dans une poêle à revêtement anti-adhésif pendant 2 minutes.

2. Pendant ce temps égouttez les cœurs d'artichauts, coupez-les en quatre, ajoutez-les dans la poêle, réchauffez-les pendant 3 minutes. Servez chaud.

———

Notre conseil

Servez avec un rôti de porc ou une volaille.

Poêlée de poivrons à l'ail

4

15 MIN

20 MIN

4 poivrons rouges et jaunes mélangés • 3 gousses d'ail

Dans le placard : *4 cuil. à soupe d'huile d'olive • sel • poivre*

1. Lavez et essuyez les poivrons, ouvrez-les, retirez le pédoncule, les graines et les parties blanches, détaillez-les en fines lanières.

2. Épluchez les gousses d'ail, écrasez-les.

3. Faites chauffer l'huile dans une sauteuse, faites revenir les lanières de poivron et l'ail écrasé pendant 20 minutes en mélangeant souvent, salez, poivrez.

4. Versez les poivrons dans un grand plat, servez bien chaud.

———

Notre conseil

Servez avec des œufs sur le plat ou du jambon de Bayonne.

Pommes de terre bien rangées

4

1 kg de pommes de terre à four • 50 cl de crème fraîche épaisse

20 MIN

Dans le placard : sel • poivre

1 H 15

1. Préchauffez le four à 150 °C (th. 5).

2. Pelez les pommes de terre, lavez-les essuyez-les. Coupez-les en rondelles régulières, rangez-les verticalement dans un plat à gratin, salez, poivrez.

3. Arrosez les pommes de terre de crème et enfournez pour 1 heure 15.

———

Notre conseil

Choisissez des pommes de terre de même calibre afin d'obtenir des rondelles régulières.

Pommes grenaille aux oignons

☘
4

🥄
10 MIN

🍳
30 MIN

800 g de pommes grenaille • 12 oignons grelots

Dans le placard : *2 cuil. à soupe d'huile d'olive • 2 cuil. à soupe de thym séché • sel de Guérande • poivre du moulin*

1. Lavez et essuyez les pommes de terre, ne les épluchez pas.

2. Pelez les oignons grelots. Faites chauffer l'huile dans une cocotte. Mettez les pommes de terre et les oignons, saupoudrez-les de thym, mélangez bien pour qu'ils soient enrobés, versez 5 cl d'eau. Couvrez et laissez cuire à feu doux pendant 30 minutes en mélangeant régulièrement pour que les légumes n'attachent pas.

3. Dressez les pommes de terre et les oignons dans un plat creux ou de petites cocottes individuelles, parsemez de sel de Guérande et donnez un tour de moulin à poivre. Servez bien chaud.

———

Notre conseil

Servez avec des rôtis, des viandes grillées.

Purée de lentilles corail aux carottes

4

15 MIN

20 MIN

400 g de carottes • 250 g de lentilles corail

Dans le frigo et le placard : *30 g de beurre • 1 cuil. à café de curcuma • sel • poivre*

1. Pelez les carottes, émincez-les finement. mettez-les dans une grande casserole. Rincez les lentilles corail, ajoutez-les.

2. Arrosez les légumes d'eau, ajoutez le curcuma, portez à ébullition et laissez cuire pendant 20 minutes.

3. Mixez les légumes, salez, poivrez, incorporez le beurre. Servez bien chaud.

Salade de pommes de terre au yaourt et à l'aneth

4

10 MIN

20 MIN

*800 g de pommes de terre (charlotte ou roseval) •
2 yaourts brassés nature*

Dans le placard : *2 cuil. à soupe d'aneth séché • sel
• poivre*

1. Faites cuire les pommes de terre à l'eau sans les
éplucher pendant 20 minutes, puis laissez-les tiédir.

2. Mélangez dans un saladier les yaourts avec du
sel, du poivre et l'aneth.

3. Pelez les pommes de terre, coupez-les en rondelles, mettez-les dans le saladier, mélangez délicatement. Servez aussitôt.

———

Notre conseil

Dégustez cette salade avec du saumon fumé ou du thon
au naturel. Vous pouvez remplacer l'aneth par de la
ciboulette, ajouter un peu d'échalote semoule et servir
avec du jambon.

Tagliatelles de poireaux

4

20 MIN

30 MIN

8 poireaux • 50 g de beurre demi-sel

Dans le placard : *poivre du moulin*

1. Épluchez les poireaux : coupez l'extrémité, retirez les feuilles abîmées. Coupez chaque poireau en tronçons de 10 cm de long, puis émincez-les pour former des tagliatelles. Rincez soigneusement les tagliatelles sous le robinet afin d'éliminer toute trace de terre. Épongez-les.

2. Faites fondre le beurre dans une sauteuse, mettez les poireaux, mélangez pour qu'ils soient bien enrobés de beurre.

3. Couvrez la sauteuse et laissez cuire pendant 30 minutes.

4. Dressez les poireaux dans un plat, donnez un tour de moulin à poivre et servez bien chaud.

———

Notre conseil

Ces tagliatelles de poireaux accompagneront à merveille des filets de poulet, ou encore des noix de Saint-Jacques rôties.

Tian de pommes de terre au lard

🍽 4

🥄 20 MIN

🔲 45 MIN

800 g de pommes de terre (bintje ou charlotte) • 12 fines tranches de poitrine fumée

Dans le placard : *4 cuil. à soupe d'huile d'olive • 2 cuil. à soupe de thym séché • poivre*

1. Préchauffez le four à 180 °C (th. 6).

2. Pelez les pommes de terre, lavez-les, essuyez-les, coupez-les en rondelles.

3. Huilez un plat à four, disposez les rondelles de pomme de terre en les intercalant avec les tranches de poitrine fumée. Poivrez, parsemez de thym et arrosez d'un peu d'huile d'olive.

4. Enfournez pour 45 minutes. Servez aussitôt.

Tomates au basilic

8 tomates rondes • 4 branches de basilic frais

Dans le placard : *4 cuil. à soupe d'huile d'olive • sel • poivre*

1. Préchauffez le four à 180 °C (th. 6). Huilez légèrement un plat à gratin.

2. Lavez et essuyez les tomates, coupez-les en deux dans la largeur. Placez les demi-tomates dans le plat. Salez et poivrez, arrosez-les d'un peu d'huile d'olive.

3. Enfournez pour 40 minutes.

4. Lavez et épongez les feuilles de basilic, ciselez-les finement, parsemez-en les tomates à la sortie du four. Servez chaud ou tiède.

———

Notre conseil

Accompagnez ces tomates d'œufs sur le plat pour un dîner léger, ou encore d'escalopes de veau ou de côtelettes d'agneau pour le déjeuner.

4

5 MIN

40 MIN

Desserts

Abricots rôtis

☆ 4

✎ 10 MIN

🍲 15 MIN

8 abricots • 1 citron bio

Dans le frigo et le placard : *50 g de beurre • 3 cuil. à soupe de miel*

1. Préchauffez le four à 210 °C (th. 7). Lavez les abricots, ouvrez-les, retirez le noyau.

2. Râpez le zeste du citron, pressez le fruit.

3. Répartissez les abricots, le zeste et le jus de citron, le miel dans quatre ramequins, parsemez de petits morceaux de beurre.

4. Enfournez pour 15 minutes. Laissez tiédir avant de servir.

———

Notre conseil

À l'automne, remplacez les abricots par des poires.

Banane au chocolat en papillote

4

10 MIN

10 MIN

4 bananes • 100 g de pépites de chocolat

1. Préchauffez le four à 180 °C (th. 6). Découpez quatre rectangles de papier d'aluminium.

2. Pelez les bananes, ouvrez-les en deux dans la longueur, répartissez les pépites de chocolat à l'intérieur des bananes. Refermez-les.

3. Déposez les bananes sur les feuilles de papier d'aluminium, sur la plaque de cuisson, et repliez-les hermétiquement.

4. Enfournez pour 10 minutes.

Compote d'abricot et de banane

4

15 MIN

15 MIN

3 bananes • 8 abricots

1. Ouvrez les abricots, retirez leur noyau, coupez-les en petits morceaux. Pelez les bananes, coupez-les en rondelles.

2. Placez les fruits dans une casserole, arrosez-les avec 5 cl d'eau, faites compoter à feu doux pendant 15 minutes.

3. Mixez, versez dans des coupelles et placez au frais jusqu'au moment de servir.

Compote d'ananas et de mangues

4

5 MIN

20 MIN

800 g d'ananas frais en morceaux • 200 g de mangue fraîche en morceaux

Dans le frigo et le placard : *50 g de beurre • 2 cuil. à soupe de sucre roux*

1. Faites fondre le beurre dans une casserole, ajoutez le sucre et les morceaux d'ananas et de mangue. Laissez compoter à feu doux pendant 20 minutes.

2. Mixez les fruits, versez dans quatre coupes. Servez tiède ou froid.

Compote de figues

♧
4

🥄
10 MIN

▯
20 MIN

8 figues violettes • 1 citron

Dans le placard : *4 cuil. à soupe de sucre*

1. Versez 10 cl d'eau dans une casserole, ajoutez le sucre. Portez à ébullition, baissez le feu et laissez dissoudre le sucre pendant 5 minutes.

2. Lavez et épongez les figues, coupez-les en quatre, mettez-les dans la casserole

3. Mélangez et laissez compoter pendant 15 minutes.

4. Laissez tiédir avant de servir dans des verrines.

———

Notre conseil

Réalisez cette compote avec des pommes reinettes à l'automne. Ajoutez une gousse de vanille avant la cuisson fendez-la en deux dans le sens de la longueur, faites tomber les graines sur les fruits avec la pointe d'un couteau, mettez la gousse ouverte et procédez à la cuisson. Retirez la gousse une fois les fruits cuits.

Compote de poires au gingembre

4

10 MIN

30 MIN

8 poires • 2 cm de gingembre frais

Dans le placard : *50 g de sucre*

1. Épluchez et râpez le gingembre.

2. Pelez les poires, coupez-les en petits morceaux, mettez-les dans une casserole avec le sucre et le gingembre.

3. Ajoutez 2 cuillerées à soupe d'eau, faites cuire à feu doux pendant 30 minutes en mélangeant souvent.

4. Laissez refroidir, répartissez dans des coupelles.

Notre conseil

Mixez cette compote si vous préférez un dessert onctueux. Dégustez avec du fromage blanc. Si vous n'avez pas de gingembre frais, utilisez deux cuillerées à soupe de gingembre moulu.

Cookies à la banane

🍪 4

🥄 15 MIN

📟 20 MIN

2 bananes • 200 g de flocons d'avoine

1. Préchauffez le four à 180 °C (th. 6). Recouvrez la plaque du four de papier cuisson.

2. Pelez les bananes, écrasez-les à la fourchette dans un saladier.

3. Ajoutez les flocons d'avoine, mélangez délicatement pour ne pas les écraser.

4. Déposez des petits tas de pâte sur la plaque du four en les espaçant.

5. Enfournez et laissez cuire 20 minutes en surveillant la couleur. Laissez tiédir avant de servir.

———

Notre conseil

Choisissez des bananes bien mûres pour pouvoir les écraser facilement.

Crème de fraises
à la citronnelle

4

15 MIN

2 H

600 g de fraises • 2 bâtons de citronnelle

1. Lavez rapidement les fraises sous un filet d'eau, épongez-les délicatement, équeutez-les.

2. Coupez les bâtons de citronnelle en petits tronçons.

3. Mixez les fraises avec la citronnelle, versez dans quatre verrines et placez au réfrigérateur pendant 2 heures. Servez bien frais.

Crème de mangue à l'orange

4

10 MIN

900 g de chair de mangue nature • 30 cl de jus d'orange

1. Mixez les morceaux de mangue avec le jus d'orange.

2. Versez dans des verrines givrées. Servez très frais.

Notre conseil

Remplacez le jus d'orange par du jus de citron vert, ou bien encore par du jus d'ananas. Pour une crème glacée, utilisez des morceaux de mangue surgelés.

Crème glacée aux fruits rouges

1 sachet de fruits rouge surgelés • 150 g de fromage blanc

1. Rassemblez les fruits et le fromage blanc dans un mixeur, mixez, répartissez dans des ramequins.

2. Servez immédiatement ou placez au congélateur.

Notre conseil

Ajoutez un peu de sucre en poudre si les fruits vous semblent trop acides.

Croustillants au chocolat

4 feuilles de brick • 16 carrés de chocolat noir

Dans le frigo : *40 g de beurre*

1. Faites chauffer le four à 180 °C (th. 6). Coupez chaque feuille de brick en quatre.

2. Déposez 1 carré de chocolat au centre de chaque feuille de brick, repliez-la en chausson. Déposez les chaussons dans un plat à four.

3. Faites fondre le beurre dans une casserole ou au micro-ondes. Badigeonnez les feuilles de brick avec le beurre fondu à l'aide d'un pinceau.

4. Enfournez pour 10 minutes. Laissez tiédir avant de déguster.

———

Notre conseil

Ajoutez une petite cuillerée de marmelade d'oranges.

Crumble de poires

4

15 MIN

10 MIN

4 grosses poires • 12 spéculoos

1. Épluchez les poires, coupez-les en dés. Faites-les compoter dans une casserole avec 3 cl d'eau, écrasez-les à la fourchette lorsqu'elles sont cuites.

2. Préchauffez le four à 210 °C (th. 7).

3. Répartissez les poires dans quatre ramequins, émiettez dessus les spéculoos de façon à recouvrir les fruits.

4. Enfournez pour 10 minutes en surveillant la couleur. Laissez tiédir avant de servir.

———

Notre conseil

Réalisez ce crumble avec des pommes ou bien encore avec des poires et des pommes mélangées.

Crumble pomme-banane
à la cannelle

🌿 4

🥄 10 MIN

📟 3 MIN

400 g de compote pomme-banane • 8 sablés bretons

Dans le placard : *1 cuil. à café de cannelle en poudre*

1. Répartissez la compote dans quatre ramequins, saupoudrez-la d'un peu de cannelle.

2. Émiettez les sablés sur la compote et passez sous le gril pendant 3 minutes. Laissez tiédir avant de déguster.

Notre conseil

Variez les plaisirs en réalisant cette recette avec d'autres compotes : pomme-rhubarbe, pomme-abricots…

Dartois à la fraise

🌼 4

🥄 15 MIN

🍴 40 MIN

2 pâtes feuilletées rectangulaires • 450 g de confiture de fraises

1. Préchauffez le four à 180 °C (th. 6). Disposez une pâte feuilletée dans un plat rectangulaire en conservant le papier de cuisson. Recouvrez la pâte de papier sulfurisé, disposez dessus des billes de cuisson ou des légumes secs et faites cuire la pâte pendant 20 minutes, puis retirez les billes et le papier.

2. Recouvrez la pâte de confiture de fraises.

3. Découpez la pâte restante en longues bandes, disposez-les sur la confiture en les croisant.

4. Enfournez pour 20 minutes.

5. Sortez le plat du four, laissez refroidir, faites glisser le dartois sur un plat.

Notre conseil

Pour changer, préparez ce dessert avec une confiture de framboises ou d'abricots.

Douillons

🍪
4

🥄
20 MIN

🔲
40 MIN

4 pommes • 1 pâte feuilletée rectangulaire

1. Préchauffez le four à 180 °C (th. 6). Recouvrez la plaque du four de papier cuisson.

2. Pelez les pommes en les laissant entières, retirez le trognon avec un vide-pomme. Découpez la pâte feuilletée en quatre parties égales.

3. Placez chaque pomme au centre du carré de pâte, rassemblez les angles de pâte au sommet de la pomme, fermez hermétiquement en pinçant la pâte avec les doigts. Faites quelques entailles dans la pâte.

4. Déposez les douillons sur la plaque de cuisson et enfournez pour 35 à 40 minutes. Laissez tiédir avant de servir.

———

Notre conseil

Servez avec de la crème fraîche épaisse. Préparez ce dessert normand avec des poires à l'automne.

Figues au muscat

☕ 4

🥄 15 MIN

🔲 15 MIN

8 figues violettes • 4 cuil. à soupe de muscat

***Dans le placard :** 4 cuil. à soupe de sucre brun*

1. Préchauffez le four à 210 °C (th. 7).

2. Lavez et épongez les figues, coupez-les en tranches, répartissez-les dans quatre ramequins. Saupoudrez-les de sucre brun, arrosez de muscat.

3. Enfournez pour 15 minutes. Laissez tiédir avant de déguster.

Notre conseil

Accompagnez de glace à la vanille. Remplacez le muscat par du porto.

Fromage blanc
à la grenadine

4

10 MIN

400 g de fromage blanc • 4 cuil. à soupe de sirop de grenadine

1. Versez le fromage blanc dans des coupelles, arrosez-le d'un peu de grenadine en filets pour former des arabesques.

2. Servez très frais.

Notre conseil

Variez les parfums du sirop à votre guise pour ce dessert tout simple mais qui fait de l'effet (cassis, pêche, fraise...).

Ganache au chocolat

4

15 MIN

10 MIN

200 g de chocolat noir • 40 cl de crème liquide

Dans le placard : *1 cuil. à soupe de cannelle moulue •
1 cuil. à soupe de sucre roux*

1. Versez la crème dans une casserole, ajoutez le sucre et la cannelle. Portez à ébullition, puis retirez du feu.

2. Cassez le chocolat en petits morceaux, mettez-les dans la crème chaude et mélangez doucement jusqu'à ce que le chocolat soit fondu.

3. Retirez le bâton de cannelle.

4. Laissez refroidir la ganache à température ambiante, puis placez-la au réfrigérateur avant de servir.

Notre conseil

Servez cette ganache avec une compote de figues, étalez-la sur un fond de pâte sablée préalablement cuit pendant 30 minutes, ou encore accompagnez-la de meringues.

Granité de citron à la menthe

4 citrons • 20 feuilles de menthe

Dans le placard : *2 cuil. à soupe de sucre en poudre*

1. Versez le sucre dans une casserole, mouillez-le avec 8 cl d'eau, faites fondre à feu doux. Ajoutez 16 feuilles de menthe, laissez infuser pendant 10 minutes et refroidir.

2. Pressez les citrons, versez le jus dans la casserole. Retirez les feuilles de menthe. Mélangez bien.

3. Versez la préparation dans un bac à glace et placez au congélateur pendant 4 heures.

4. Sortez le bac du congélateur, griffez la glace avec les dents d'une fourchette.

5. Répartissez le granité dans quatre verres. Hachez les feuilles de menthe restantes, parsemez-en les verres.

4

15 MIN

5 MIN

10 MIN

4 H

Granité de fraises à la verveine

600 g de fraises Mara des bois • 1 poignée de feuilles de verveine fraîche

Dans le placard : *100 g de sucre en poudre*

1. Versez 10 cl d'eau dans une casserole, ajoutez le sucre. Faites fondre le sucre en mélangeant pendant 5 minutes, puis ajoutez les feuilles de verveine. Retirez du feu et laissez infuser pendant 10 minutes.

2. Lavez les fraises rapidement sous un filet d'eau froide, épongez-les délicatement, équeutez-les, puis mixez-le.

3. Filtrez le sirop pour éliminer les feuilles de verveine. Ajoutez la purée de fraises au sirop, mélangez bien, puis versez dans un bac à congélation. Placez au congélateur pendant 4 heures.

4. Lorsque la glace est prise, grattez-la avec les dents d'une fourchette.

5. Répartissez le granité dans des coupes.

4

15 MIN

5 MIN

10 MIN

4 H

Meringues aux amandes

3 blancs d'œufs • 100 g d'amandes effilées

Dans le placard : *150 g de sucre en poudre*

1. Faites chauffer le four à 90 °C (th. 3). Recouvrez la plaque du four de papier sulfurisé.

2. Battez les blancs en neige en incorporant le sucre en trois fois. Battez jusqu'à ce que les blancs forment des « becs d'oiseaux ».

3. Déposez de petits tas de meringue à l'aide d'une poche à douille ou d'une cuillère sur la plaque de cuisson, saupoudrez-les d'amandes effilées.

4. Enfournez pour 2 heures.

5. Décollez délicatement les meringues du papier.

4

15 MIN

2 H

Mousse au chocolat

4

15 MIN

3 MIN

4 H

250 g de chocolat pâtissier • 6 œufs extra-frais

***Dans le placard :** 125 g de sucre en poudre*

1. Faites fondre le chocolat au bain-marie ou au micro-ondes. Ajoutez le sucre, mélangez jusqu'à ce qu'il soit dissous.

2. Cassez les œufs en séparant les blancs des jaunes. Incorporez les jaunes au chocolat. Battez les blancs en neige ferme, ajoutez-les délicatement.

3. Placez au frais pendant 4 heures minimum.

4. Répartissez dans des verrines.

Notre conseil

Servez avec des sablés, des tuiles ou des palmiers sucrés (recette ci-dessous).

Palmiers sucrés

🍪
4

🥄
10 MIN

❄️
20 MIN

🔥
20 MIN

1 pâte feuilletée rectangulaire • 6 cuil. à soupe de sucre cristallisé

1. Étalez la pâte sur le plan de travail, saupoudrez toute sa surface de sucre cristallisé. Roulez les bords opposés vers le centre jusqu'à ce qu'ils se touchent.

2. Enveloppez la pâte dans du film alimentaire et placez au congélateur pendant 20 minutes.

3. Préchauffez le four à 210 °C (th. 7). Garnissez la plaque du four de papier cuisson.

4. Sortez la pâte du congélateur, découpez-la en rondelles, placez-les sur la plaque du four.

5. Enfournez pour 20 minutes. Laissez refroidir et décollez les feuilletés délicatement.

Notre conseil

Vous pouvez associer des noisettes hachées au sucre cristallisé ou utiliser de la pâte de spéculoos à tartiner.

Petits gâteaux banane-coco

4

10 MIN

15 MIN

2 bananes • 200 g de noix de coco râpée

1. Préchauffez le four à 180 °C (th. 6). Recouvrez la plaque du four de papier cuisson.

2. Pelez les bananes, écrasez-les à la fourchette en incorporant la noix de coco râpée.

3. Façonnez de petites boulettes avec cette pâte, déposez-les sur la plaque du four et enfournez pour 15 minutes.

4. Détachez les gâteaux de la plaque, laissez refroidir sur une grille.

Notre conseil

Gardez ces petits gâteaux à l'abri de l'humidité dans une boîte en fer… si vous ne les avez pas dévorés le jour même.

Poires au sirop de cassis

4

15 MIN

20 À
30 MIN

4 grosses poires • 25 cl de sirop de cassis

Dans le placard : *1 clou de girofle • 4 grains de poivre*

1. Pelez les poires en les laissant entières, déposez-les dans une casserole. Ajoutez les grains de poivre et le clou de girofle. Arrosez d'eau.

2. Portez à ébullition, puis baissez le feu et laissez cuire pendant 20 à 30 minutes selon la taille des poires.

3. Retirez les poires, déposez-les verticalement dans des coupelles.

4. Filtrez le jus de cuisson, ajoutez le sirop de cassis et faites réduire jusqu'à ce que le mélange nappe la cuillère.

5. Versez le sirop sur les poires.

Notre conseil

Vous pouvez remplacer l'eau par du vin rouge pour un dessert plus corsé. Parsemez les poires d'amandes effilées légèrement grillées dans une poêle. Si vous aimez la vanille, ajoutez une gousse de vanille fendue en deux avec les fruits crus, en ayant pris soin de faire tomber les graines dans la casserole.

Pommes et brioche
à la cannelle

🍀
4

🥄
10 MIN

📟
30 MIN

4 grosses pommes • 4 tranches de brioche

Dans le placard : *1 cuil. à soupe de cannelle moulue • 4 cuil. à soupe de sucre en poudre • 40 g de beurre*

1. Préchauffez le four à 180 °C (th. 6).

2. Lavez et essuyez les pommes, retirez le trognon à l'aide d'un vide-pomme.

3. Beurrez les tranches de brioche, déposez-les dans un plat à four. Déposez 1 pomme sur chacune.

4. Versez un peu de sucre et de cannelle au centre des pommes. Enfournez pour 30 minutes environ.

5. Laissez tiédir les pommes, servez dans le plat de cuisson.

Notre conseil

Si vous n'avez pas de brioche, utilisez du pain de mie.

Rochers coco

175 g de noix de coco râpée • 1 œuf

Dans le placard : *100 g de sucre en poudre*

1. Préchauffez le four à 150 °C (th. 5). Recouvrez la plaque du four de papier cuisson.

2. Battez l'œuf dans un grand saladier. Incorporez le sucre en poudre et la noix de coco, mélangez bien.

3. Déposez de petits tas de pâte à l'aide d'une cuillère à soupe sur la plaque de cuisson et enfournez pour 10 à 15 minutes.

4. Décollez les rochers du papier cuisson, laissez refroidir avant de déguster.

4

10 MIN

10 À 15 MIN

Notre conseil

Conservez ces rochers à température ambiante pendant 2 jours, et ensuite dans une boîte en fer.

Roses des sables

4

10 MIN

3 MIN

200 g de corn-flakes • 250 g de chocolat noir

1. Faites fondre le chocolat au bain-marie ou au micro-ondes.

2. Versez les corn-flakes dans un grand saladier, arrosez-les de chocolat, puis mélangez délicatement avec une cuillère pour que tous les corn-flakes soient enrobés de chocolat.

3. Recouvrez un plateau de papier cuisson, déposez de petits tas du mélange à l'aide de deux cuillères. Laissez refroidir dans un endroit frais.

4. Décollez les roses des sables du papier lorsqu'elles sont solidifiées. Dégustez !

Notre conseil

Gardez-les à l'abri de l'humidité dans une boîte en fer. Vous pouvez aussi utiliser du chocolat au lait pour cette recette.

Sablés aux framboises

🍪
4

🥄
10 MIN

8 sablés bretons • 12 framboises

Dans le placard : *sucre glace*

1. Disposez sur chaque assiette à dessert 2 sablés, mettez sur chacun d'eux 3 framboises.

2. Saupoudrez les assiettes d'un voile de sucre glace.

———

Notre conseil

Ajoutez un peu de Chantilly en bombe.

Sablés rigolos

4

5 MIN

200 g de farine avec levure incorporée • 30 cl de crème fraîche entière liquide

15 MIN

***Dans le placard :** 50 g de sucre en poudre*

1. Préchauffez le four à 210 °C (th. 7). Recouvrez la plaque du four de papier cuisson.

2. Dans un saladier, mélangez la farine et le sucre, puis incorporez peu à peu la crème pour obtenir une pâte lisse.

3. Étalez la pâte obtenue sur le plan de travail fariné, puis découpez des sablés avec des emporte-pièces en forme d'animaux.

4. Déposez les sablés sur la plaque, enfournez et laissez cuire 15 minutes en surveillant la couleur. Laissez refroidir les sablés avant de servir.

Notre conseil

Vous pouvez aussi réaliser ces sablés en version salée en remplaçant le sucre par du parmesan râpé.

Soupe de melon
à la menthe

4

10 MIN

2 melons mûrs à point • 2 branches de menthe fraîche

Dans le placard : *poivre du moulin*

1. Ouvrez les melons, retirez soigneusement les graines et la peau. Coupez la pulpe en morceaux, mixez-les.

2. Versez la soupe de melon dans des verrines, placez au frais jusqu'au moment de servir.

3. Lavez, épongez et effeuillez la menthe, hachez-la.

4. Donnez un tour de moulin à poivre sur les verrines, parsemez de menthe hachée.

Notre conseil

Réalisez cette recette avec des morceaux de melon surgelés, elle sera prête à être dégustée !

Soupe glacée abricot-romarin

4

5 MIN

4 H

1,5 l de sorbet abricot • 2 branches de romarin

1. Laissez dégeler le sorbet dans le réfrigérateur pendant plusieurs heures.

2. Répartissez-le dans quatre coupelles.

3. Effeuillez le romarin, parsemez-en les coupelles. Servez aussitôt.

Notre conseil

Cette recette peut être réalisée avec d'autres parfums (poire, framboise, mangue…).

Tarte au citron
en verrines

☘ 4

🥄 15 MIN

12 sablés bretons • 1 pot de lemon curd

Dans le placard : *sucre glace*

1. Émiettez 3 sablés au fond de chaque verrine.

2. Recouvrez de lemon curd, saupoudrez de sucre glace. Servez.

———

Notre conseil

Pour varier, préparez cette recette avec des spéculoos, ou encore avec de la crème de marrons.

Tarte aux pommes

4

15 MIN

1 rouleau de pâte brisée • 8 pommes (reinettes en saison, Pink Lady®, gala)

Dans le placard : *60 g de sucre en poudre*

45 MIN

1. Préchauffez le four à 180 °C (th. 6).

2. Épluchez 5 pommes, coupez-les en petits morceaux, mettez-les dans une casserole avec le sucre et 10 cl d'eau, faites cuire à feu très doux jusqu'à ce que les fruits soient réduits en compote. Écrasez-les à la fourchette ou mixez-les.

3. Déposez la pâte dans un moule, recouvrez-la de compote de pommes.

4. Pelez les pommes restantes, détaillez-les en lamelles, disposez-les sur la compote.

5. Enfournez pour 30 minutes. Servez tiède.

Notre conseil

Ajoutez un peu de cannelle ou de vanille en poudre à la compote.

Index des recettes

Apéritifs

Entrées

Snack et repas légers

Viandes et volailles

Poissons, coquillages et crustacés